DE LA GAR... ...A

Can Putades

■■ Cossetània

Primera edició: març de 2025

© Joana Cabratosa, Ona Jou i Núria Simon

© de l'edició:
9 Grup Editorial
Cossetània Edicions
C/ de la Violeta, 6 – 43800 Valls
Tel. 977 60 25 91
cossetania@cossetania.com
www.cossetania.com

© de la fotografia de portada: Cecilia Díaz Betz
Il·lustracions: Mireia Martínez Cabré
Impressió: Leitzaran Grafikak
ISBN: 978-84-1356-481-4
DL T 13-2025

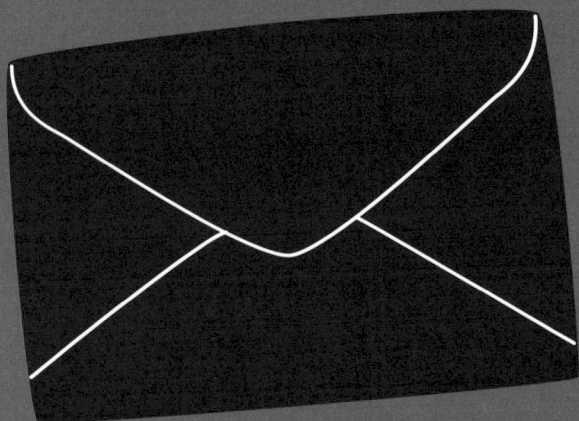

EL SOBRE AMAGAT

Era un vespre de mitjans de setembre de 2019. Portàvem no gaire més de dues setmanes a la gran ciutat. Aquell dia plovia i feia fred, i des de la finestra miràvem la gent com passava i comentàvem els paraigües, de mil formes i colors diferents: "Mira aquest que *cutre*", "mira aquest altre quin estampat més curiós", "jo quan sigui gran espero no demostrar l'edat que tinc amb el meu paraigua", ja que claríssimament n'hi ha que diuen "tinc 20 anys" i d'altres "estic jubilada".

I mentre els nostres nassos tocaven el vidre fred de la finestra, ens vam començar a posar filosòfiques, i vam acabar reflexionant sobre el nostre futur, ja fos el que ens esperava al cap de dos anys o d'aquí a cinquanta: què imaginàvem, com seríem, amb qui estaríem i si seríem amigues per sempre.

Això que vam fer no era estrany. En el nostre grup es feia sovint; sempre ha estat la nostra manera de poder expressar com estem i què ens passa de manera més senzilla.

Algunes ho tenien clar al cap d'un segon i somiaven en ser àvies i anar a classes de noves tecnologies juntes i als vespres anar a fer un *biterkass* i jugar a la botifarra. Alguna dubtava si estaria amb la seva parella per sempre i, en el cas que no, tenia claríssim que aniria a passar el dol de la ruptura fent un viatge sola pel sud-est asiàtic.

Així que vam decidir aterrar aquestes idees i passar la resta d'hores escoltant la *playlist* Majid Jordan Radio i escrivint cada una en un paper com ens imaginàvem les nostres vides 4 anys després, quan, amb sort, ja haguéssim acabat la carrera.

Podíem escriure tant com volguéssim mentre omplíssim tots els camps importants: amor, feina, amistat, objectius personals...

Les normes eren clares: escriure com ens trobàvem en el moment d'escriure-ho i com crèiem que estaríem després dels anys.

Alguna va deixar-se la mà escrivint 3 pàgines i, en canvi, alguna amb ¾ en va tenir prou. Ho vam llegir en veu alta sabent que fins al cap de moltes pluges no tornaríem a saber quines coses hi havíem escrit, i evidentment van saltar algunes llàgrimes, com a bones intenses que som.

Vam posar tots els papers a dins d'un "sobre" (si es pot dir així a dos papers enganxats amb cel·lo, i tot ben precintat). I vam enganxar-li un paperet on hi deia: "NO HO OBRIU FINS HAVER ACABAT LA CARRE-RA".

Aneu a saber si viuríem juntes, separades, a la Garrotxa, a Barce-lona o a un altre lloc del món, però quedaríem i l'obriríem plegades. Aquest era el tracte i totes vam firmar-ho en la mesura que hi està-vem d'acord.

Vam creure que les nostres vides no serien gaire diferents, que passari-en els anys, l'obriríem i ens adona-ríem que, encara que fóssim totes més adultes i amb feines mínima-ment estables, seríem les mateixes amigues fent la rutina que no ha-víem deixat de fer. Vam creure que els màxims canvis serien algunes amistats que trontollaven i el nòvio de l'adolescència que quedaria pel camí.

MANUAL D'ARRIBADA

HOLA, BARCELONA!

AMOR A PRIMERA VISTA

Hola! Som quatre noies, i aquest any venim a estudiar a Barcelona i ens agradaria poder veure el pis per llogar-lo aquest setembre. Esperem una resposta. Gràcies!

Mesos més tard d'aquest missatge, va començar la nostra aventura a Barcelona. A través d'una pàgina web de pisos, vam trobar un anunci d'un pis aparentment idíl·lic per a algú que no en té ni idea de viure en una ciutat. Quatre habitacions interiors, dos lavabos i un passadís llarg que porta a la sala amb vistes al carrer que fa de cuina-menjador. Sense mobles ni electrodomèstics.

El pis es camuflava entre els mil pisos vells i deixats que s'anunciaven per internet. Com a bones dones desconfiades que érem (i som), vam dir-nos a nosaltres mateixes: això és una estafa, tan xulo no pot pas ser veritat. Però tampoc hi perdíem res per enviar un missatge.

I així va ser com un mes després vam visitar-lo i... amor a primera vista!, ens el vam quedar.

Arribades del viatge obligatori a Menorca de quan acabes batxillerat, tancant una etapa per començar-ne una de nova, vam fer parada a la gran ciutat per signar el nostre primer contracte de lloguer. Moltes firmes i molts papers, seguits de setmanes d'entendre com funcionava allò d'haver de contractar una empresa d'aigua i una de llum. Ens vam sentir unes dones grans i independents, però hem de confessar que ho van fer tot les nostres famílies.

Però a dia d'avui hi ha coses que seguim sense entendre: quina diferència hi ha entre el gas i la llum? Què és un aval? Per què s'han de guardar les cartes que t'envien de les factures? Per què la declaració de la renda és una mena de màgia negra?

En fi, la vida adulta.

NOVA UNITAT FAMILIAR

Vam començar a viure juntes quatre noies d'entre 17 i 19 anys: l'Ona, la Núria, la Berta i la Laila.

En un principi no érem gaire amigues entre totes, perquè no havíem tingut el temps necessari per coneixe'ns. La Berta i la Núria ja eren amigues d'Olot. La Laila i l'Ona, també de Besalú, es coneixien ja de petites i l'Escola d'Art d'Olot va ser el nexe d'unió entre nosaltres. La

Berta i l'Ona es van conèixer estudi-ant-hi i van acabar relacionant-nos entre totes, però no massa més que no fos per fer un cafè i sortir de festa.

Sí, ho hem de dir: quan vam arribar no érem el que es diu amigues totes entre totes, tot i que sí que formà-vem part del mateix grup d'amigues de la Garrotxa, però compartíem una cosa: les ganes d'indepen-ditzar-nos i tenir la somiada VIDA UNIVERSITÀRIA.

A la Garrotxa, si vols anar a la universitat, una de les opcions és anar a fer pis en alguna altra ciutat que ofereixin el que vols estudiar, segons el que et puguis o es puguin permetre els teus pares. També hauràs de viure el procés d'angoixa d'haver de buscar companys, mirar les mil ofertes i escollir el que millor us encaixa.

Amb nosaltres no va ser diferent, les 4 volíem anar a Barcelona a estudiar, algunes perquè la carrera els ho demanava i les altres perquè simplement volíem marxar com més lluny millor del nostre petit poble. Fos pel que fos, vam acabar vivint juntes sense saber com ani-ria, sense saber els gustos de cada una, les manies, les habilitats, els defectes, les rareses... entre moltes altres coses.

QUATRE HABITACIONS I MITJA

El que poca gent sap és que la Joana va entrar oficialment un any i mig més tard al pis, tot i que des que vam arribar a Barcelona era gairebé una inquilina més. Ella és un any més gran que la Berta, l'Ona i la Núria, i ja portava un curs universitari a la ciutat, vivint pels volts de la plaça Joanic amb altres amigues de la Garrotxa.

Però quan va veure que les seves millors amigues s'havien mudat a 20 minuts del seu pis, no podia parar d'anar-hi tot el sant dia. Com que la seva presència era tan habi-tual al pis vam decidir buscar-li un espai, que va acabar sent un sofà llit reacondicionat de les escom-braries que vam posar al menjador. Sota el llit malparit de molles velles hi guardava un sac de dormir i, fins i tot, tenia la seva pròpia prestat-geria de menjar.

I un dia va fer el pas de deixar defi-nitivament el seu pis per començar aquesta nova etapa. Va entrar com-partint habitació amb la Berta, però com que qui arriba últim no tria mai, el repartiment de l'habitació no va ser del tot igualitari: un llit mi-núscul entaforat a una cantonada.

Però a veure, si va accedir a viure en una quarta part d'una habitació era perquè sabia que duraria poc temps: al cap d'uns mesos faria el seu primer Erasmus cap a la vida *brasileira*.

En aquells primers anys havíem arribat a ser un total de sis persones vivint al pis, ja que la germana de la Laila va estar vivint amb ella a la seva habitació durant un temps. I amb les que érem, a sobre sempre hi havia gent venint-nos a veure.

I nosaltres, que no sabíem gaire res les unes de les altres, hem acabat descobrint les coses més íntimes de cada una, totes les coses que no vols ensenyar en una primera cita i tot allò que et fa vergonya acceptar que fas.

Tot el que era nou, estrany i desconegut, amb els mesos (i anys) es va anar tornant en casa, tranquil·litat i lloc segur.

PERDONEU, QUE NO ENS HAVÍEM PRESENTAT

Molta gent ens ha preguntat: "Però abans no éreu 4? On és la que falta?" En realitat, Can Putades, el nostre projecte, el vam començar sent 5: la Joana i la Laila (del 2000), i la Berta, l'Ona i la Núria (del 2001). No voldríem fer espòiler, però si ens estem presentant nosaltres 3, ja us podeu imaginar per on van els trets.

Però passem tant de temps juntes que a vegades semblem una sola persona. Moltes vegades responem literalment el mateix i alhora, i a tot arreu comptem com a "una persona". Però realment som tres amigues ben diferents, i per això volem que ens pugueu conèixer millor.

Joana Cabratosa Pons

Ha nascut i crescut a Besalú però és d'Argelaguer. Ha estudiat Periodisme i Ciències Polítiques a la Universitat Pompeu Fabra i també un màster de Periodisme Esportiu. Li agraden molts esports (més mirar-los que practicar-los, però fa el que pot); és molt futbolera, del Barça des de ben petita, i sent els colors blaugrana gairebé tant com Laporta.

Vol viatjar a tots els països del món (de moment en porta 26) i, des que va anar d'Erasmus al Brasil, la seva personalitat es basa en enyorar el millor país en el qual ha estat mai, tal com diu.

És la vella del grup i per això sempre té una mica de *mami energy*. No té cap talent artístic i per això diu que el que realment és el seu fort és xerrar molt.

És probable que tingui un *crush* diferent cada setmana i entre ells pot haver-hi perfectament 30 anys d'edat. No li agrada gens veure pel·lícules ni sèries, només documentals (diu que si no perd el temps). Li encanta menjar però odia cuinar.

La Joana no destaca per la seva alçada, ja que mesura 1,50 m, però té un cor que no té res a veure amb ser un metre i mig. És una persona molt atenta i generosa. És molt pacífica i mai buscarà un conflicte (si no és que siguis un *hater*, llavors potser t'escriu per privat per intentar fer-te canviar d'opinió o directament t'insulta).

* ✱ signe del zodíac: **cranc**
* ✱ menjar preferit: ***foie i pernil salat*** (del bo)
* ✱ *hobbies*: **ser un *fife***
* ✱ mania estranya: **fòbia a les mandarines i taronges**
* ✱ mascotes: **en Dan**, un gos que és el seu millor amic
* ✱ feina somiada: **viatjar pel món seguint un equip de futbol (FCB) o la F1**
* ✱ tradició catalana preferida: **panellets**
* ✱ música/llibre/pel·li/sèrie/preferit: **canal yt albert blay**
* ✱ virtut: **autoexigència efectiva**
* ✱ defecte: **massa emocions sota poc control**
* ✱ app preferida: **galeria de fotos**

Núria Simon Asparó

Nascuda a Montagut i Oix i crescuda a la ciutat d'Olot. Ha estudiat la carrera d'Antropologia a la Universitat de Barcelona però ara cursa la carrera de Psicologia a la Universitat Oberta de Catalunya. El seu somni sempre havia sigut ser psicòloga però la seva nota a la selectivitat no li va permetre poder entrar a la carrera, per això l'ha començat a posteriori. És el clar exemple que mai és tard per estudiar i que, si es vol, es pot.

La seva habitació sempre fa molt bona olor i el llit sempre està fet. Qualsevol accessori que es compri ha de ser de color rosa.

Durant una època de la seva vida posava vinagre a tot el que menjava (l'hem vist menjar entrepà de fuet amb vinagre), tot i que després va descobrir la salsa de soja i va procedir a fer el mateix. Cuina molt bé i li encanta fer menjar saludable.

A més, la Núria talla cabells, depila i tenyeix. És l'esteticista de Can Putades. Molts de cops, quan es posa nerviosa o simplement per passar l'estona, es posa a netejar tot el pis. És una persona que sap escoltar i és molt curiosa, sempre li agrada aprendre més del que ja sap i pregunta molt. Li encanta donar consells que després ella no s'aplica, però la intenció és el que compta. Té una vena de psicòloga molt i molt bona. Tot i això, després de 5 anys de convivència creiem que encara podria treballar una miqueta més el seu despertar, ja que li costa molt relacionar-se quan s'acaba de llevar i no se li pot dir res.

* signe del zodíac: **taure**
* menjar preferit: **la trufa, a on sigui, i la pizza o rissoto o truita de patates amb ceba de la mama**
* *hobbies*: **fer bricomania i llegir**
* mania estranya: **dormir amb un punt de llum**
* mascotes: el meu gos senegalès, en **Lodji**
* feina somiada: **tenir la pròpia consulta de psicologia**
* tradició catalana preferida: **dinar de Reis i Sant Jordi**
* música/llibre/pel·li/sèrie/preferit: ***Titanic*, sí**
* virtut: **sincera i empàtica**
* defecte: **tossuda i capquadrada**
* app preferida: **google calendar**

Ona Jou Oliveras

De Besalú des que va néixer. Li encanta el seu poble però odia tots els guiris que hi van a l'estiu. Ha estudiat Llengües Aplicades a la Universitat Pompeu Fabra (però no li preguntis de què va la seva carrera, perquè no sap explicar-ho).

És la més muntanyenca; de fet, va creuar els Pirineus de cap a cap (literalment). Se'n riu sempre de les seves pròpies bromes i quan riu d'una broma o un vídeo nostre diu "ens fem riure". Li encanta parlar d'ella mateixa en tercera persona. El seu to de veu és altíssim; en lloc de parlar sol cridar, però no passa res: Ona, t'ho perdonem.

Pompeu Fabra estaria content, ja que ha ampliat el vocabulari en català amb paraules com: *sarkunela* i *estricutar*. Si voleu saber què volen dir aquestes paraules, pregunteu-l'hi a ella. Això sí, és la lingüista i correctora del grup (PER FORÇA) i creiem que a vegades està cansada d'haver-nos de repetir per què si és esdrúixola porta accent o no. La seva frase estrella és: això a internet també ho pots trobar. No li agrada que li diguin pivot tot i que va jugar a bàsquet. Li costa molt plorar, però no vol dir que sigui una persona poc sentimental o que no li afectin les coses. És més capaç d'empassar-se les penes que d'exposar-les.

Té la visió artística de l'equip, ja que va fer el batxillerat d'arts. És molt despistada (si et diu "ai, no sé si tinc el mòbil" segur que ja l'ha perdut) i té el mateix gust musical que un grup de canis dels EUA (*fuck youuu*).

* signe del zodíac: **escorpí**
* menjar preferit: **formatge i pizza 4 formatges**
* *hobbies*: **pintar**
* mania estranya: **odia els cabells a terra** (probablement perquè els seus són rossos i no es veuen)
* mascotes: **lluny**
* feina somiada: **correctora de revistes de viatges** (no el que treballa a distància, sinó el que va als llocs a comprovar que el que es diu a la guia sigui cert)
* tradició catalana preferida: **Sant Jordi, una bona calçotada, fer cagar el tió** (tot li agrada)
* música/llibre/peli/sèrie/preferit: **Grease** (l'ha vist més de 50 cops)
* virtut: **creativa**
* defecte: **despistada**
* app preferida: **Spotify**

CONSELLS BÀSICS DE SUPERVIVÈNCIA

Organitzar-se en un pis d'estudiants no és gens senzill, més encara si teniu horaris, costums, caràcters i rareses diferents. A tots els que ho estigueu vivint: molta paciència i comunicació, si no estareu perduts i acabareu com dues millors amigues d'Olot que van durar 6 mesos vivint juntes i ara no es dirigeixen la paraula ni quan es veuen pel Firal.

Tant a la vida com en un pis compartit, hi ha una sèrie de normes supremes de l'ordre i el benestar que faran que la convivència sigui més fàcil. Per exemple, el típic tòpic de deixar les coses com te les has trobat, que es pot aplicar tant a un menjador com quan vas a la muntanya (i no cal deixar allà la teva merda).

El respecte als espais comuns és tan important com una bona comunicació.

La comunicació assertiva és la clau de l'èxit (o almenys del no fracàs) en un pis compartit. Cadascú té les seves manies, però és moment d'adaptar-se a les manies dels altres, així com ells s'han d'adaptar a les teves. Compartir pis és compartir. Tots hem agafat galetes d'una prestatgeria que no era la nostra

i no passa res, però és important avisar l'altra persona. Però si just aquell dia tens molta gana i t'acabes el paquet, compra-n'hi un altre.

És probable que alguna de les persones que viuen amb tu tingui un top/cinturó/jaqueta que just queda de conya amb l'*outfit* que portes avui, però recorda haver pactat amb anterioritat si compartiu o no la roba, si podeu agafar-ne de l'armari de l'altra i si ha de ser amb permís o sense, si pot ser quelcom puntual o qualsevol dia. De la mateixa manera, amb els accessoris i bolsos.

A casa hem passat fases de tot i s'ha discutit per roba deixada i mal tornada (tard, bruta, etc.). Ara, després de 5 anys, només compartim en dies més o menys especials.

MOBLAR EL PIS AMB 0 €

Volem que amb aquest llibre pugueu entrar a casa nostra i passejar-vos pels 80 metres quadrats que conformen Can Putades, per això ens transportem a una tarda calorosa de principis de setembre de l'any 2019.

Arribem a un pis empolsegat i buit. L'acaben de reformar fent que el pis llueixi modern, tot i que no ho és. Encara que hi posem algun moble, segueix semblant un hospital del blanc recent pintat i costa treure-hi el ressò.

Els primers mobles que hi vam posar no quedaven gens bé. De fet, tot junt cardava molt mal d'ulls, però seguíem l'estil típic d'un pis d'estudiants. Per sort, cadascuna es va fer l'habitació més o menys a mida.

Les habitacions es reparteixen en un passadís llarg i estret que condueix fins a l'únic espai comú, on hi passarem la major part del temps: la cuina-menjador. Al passadís també hi ha dos lavabos que ens els repartim per proximitat de les habitacions (dos i dos). I una porta de fusta molt mal parida (mai hem aconseguit que tanqués bé), que comunica l'espai nocturn amb el de dia.

SI POT SER DE FRANC, PER QUÈ GASTAR?

Aconseguir mobles per a un pis pot ser la cosa més complicada del món si no tens diners, ets jove estudiant i els únics ingressos que tens són de treballar els caps de setmana. És per això que en cap moment vam pensar a anar a Ikea i decorar-nos el pis amb els mobles més bonics del mercat. No era viable.

Després d'arreplegar mobles de totes les nostres cases i d'avantpassats de la nostra ascendència que ni coneixíem, vam començar a estudiar maneres per trobar mobles que necessitàvem i amb la intenció que quedés un pis visualment bonic.

Una cosa que ens ha unit molt des del principi (ens atrevim a dir que és de les úniques coses en què ens assemblem entre nosaltres) és que tenim una mentalitat molt d'emprenedores. Sempre hem pensat a crear algun negoci (ho havíem provat algun cop —hahaha— però ara no toca explicar-ho).

En fi, ens vam empescar mil tècniques. I no és per res, però creiem que ens en vam ensortir.

Ara us explicarem algunes de les que vam fer i les que millor ens van funcionar. Només perquè veieu que és possible moblar una cuina i un menjador amb 0 € sense cap truc estrany i pensant en el nostre planeta.

LA FAMÍLIA NO VOL TOT EL QUE TÉ

Una de les coses que ens va agradar més del nostre pis és que estava buit i podíem escollir els mobles i així fer-nos aquell pis molt més nostre. No és el mateix arribar a una casa on tots els mobles estan triats, ja que sembla que t'estiguis posant dins de casa d'algú, que no pas escollir-los tu i fer la decoració, per lletja que sigui, des de zero.

Així que el primer que vam fer va ser una crida a totes les nostres famílies per veure què sobrava o què no volien més al seu menjador. Vam aconseguir bastantes coses:

✱ Una taula baixeta de fusta com de centre de sala d'estar, molt ampla i pesada, que segur que ens va veure néixer.

✱ Un sofà de dues places de la besàvia de l'Ona amb un estampat indescriptible de tan lleig que era.

✱ Un sofà d'unes tres places blau marí bastant fatal perquè els coixins sempre acabaven a terra.

✱ Una taula de fusta, que possiblement era la cosa més maca que vam trobar.

✱ Quatre cadires de fusta pintades de negre.

✱ Una petita nevera vellíssima.

✱ Una prestatgeria metàl·lica de color vermell que es movia d'un costat a l'altre.

Al final hem après a donar una nova vida als objectes que a primera vista poden semblar horribles i inaprofitables. Vam passar de tenir mobles de diferents estils i colors (quedava com una puntada de peu al cul) a tenir mobles més que acceptables gràcies a un pot de pintura blanca que vam trobar per allà.

La tauleta, que era d'un color criminal, ens va quedar tan bé i tan bonica que encara la tenim i no hem aconseguit desfer-nos-en com, en canvi, sí que hem fet amb tota la resta de mobles que vam trobar de casa de les nostres àvies.

La nostra intenció era trobar la manera que tot més o menys combinés i trobéssim una mínima pau visual. En aquell moment, vam creure que seguir la tonalitat de vermell passió de la prestatgeria era la millor opció per fer-ho (espòiler: ERROR).

A part de recuperar coses de les cases dels nostres familiars, tenim la increïble sort de tenir els pares més apanyats del món. I així és com alguns dels mobles de casa s'han construït amb les seves mans. Com el moble de l'entrada de casa, autèntica peça de disseny: un sabater de palet fet a mida.

WALLAPEP, LA VELLA CONFIABLE

Molts deveu estar pensant que no us estem fent descobrir el món dient-vos que WallapEp pot salvar un pis d'estudiants, ho sabem. No és aquesta la qüestió, sinó la importància en saber-ho fer servir per beneficiar-te del que trobis i acabar fent "negoci". Nosaltres teníem dos sofàs vells: malgastats, amb una tela i estructura que ja no es fa, i amb la forma dels culs de les persones que s'hi han assegut durant els 50 anys anteriors.

Vam trobar a les escombraries un sofà més ben parit que el nostre (no costava gaire) i òbviament el vam arreplegar i vam vendre els

que teníem a un molt bon preu per l'aplicació. I vam guanyar uns 15 €.

Amb aquests diners vam poder comprar el microones que no teníem, i llavors vam vendre la nevera vella i petita i la vam canviar per una de més nova i més gran.

Tot era una roda, veníem una cosa i els diners que aconseguíem els destinàvem a comprar alguna de les mil coses que ens feien falta.

I així vam aconseguir: un estenedor, mobles de menjador, làmpades, estanteries, gerros, marcs de fotos, testos per a plantes, unes fitxes de pòquer, tamborets, entre moltes altres coses.

A dia d'avui hi pensem i ens sentim molt orgulloses d'aquella època en què no teníem gaire res però no necessitàvem més que aquesta aplicació i molta imaginació i creativitat.

La primera ganga que vam aconseguir va ser la nevera nova (nova per nosaltres, perquè era més vella que el cagar). La que teníem no donava per a més: amb només dues petites estanteries al congelador, era inviable que cinc persones puguessin viure còmodament. No devia fer ni metre cinquanta (més baixeta que la Joana i mira que costa).

Total, una nevera vella, però no tant com la que teníem, i ens la venien per 30 €. Només havíem de baixar-la d'un tercer sense ascensor. I nosaltres, que som ben valentes, vam dir: "Òbviament que podrem, què podria sortir malament?"

Vam estar una bona estona per baixar-la, però vam aconseguir arribar al carrer. Ens van venir a recollir amb una *furgo* (no direm qui, que encara li trauran el carnet). I oh, sorpresa: no hi havia prou espai per a la nevera, i per a nosaltres tampoc. La brillant idea que vam tenir va ser que la copilot anés amb el seient al màxim endavant i tan plegat com era possible, nevera en diagonal i dues de nosaltres estirades al costat de la nevera i tapades amb una manta. Consell: no ho proveu a casa vostra.

I no us penseu que la nevera per a mínions la vam portar a la deixalleria, AIXÒ MAI! 15 € al WallapEp.

Però la gran despesa va arribar després de ser 4 anys al pis: el sofà. Ens va costar 30 € per persona (érem 4, feu comptes) i valia molt la pena. Era un sofà de 4 places, amb una *chaise-longue* i amb les altres parts que també es podien estirar. Vam creure que, al cap i a la fi, ens el mereixíem i el podíem comprar. Però no us penseu que vam trucar a cap agència de mudances perquè

ens ajudés a transportar-lo, és clar que no (#totaniràbé).

La Joana i la Núria van anar-se'n fins a l'Hospitalet de Llobregat amb un Renault petit, convençudes que el podrien transportar perfectament. Però una cosa és la teoria i l'altra la pràctica. En arribar allà, les dues es van quedar sense bateria al mòbil i el pis es trobava en un carrer bastant peculiar que no feia gaire gràcia.

El timbre de l'entrada del bloc de pisos no funcionava, així que vam decidir trucar al pis de davant perquè ens obrís la porta principal i poguéssim entrar. Quan ens vam trobar davant de la porta de dins i vam tocar el timbre, no va haver-hi resposta. La cosa no ens feia gaire bona espina, però vam continuar prement el botó fins que vam començar a sentir uns sorolls molt estranys a dins, se sentien com uns ferros i, la veritat, vam passar por i en sentíem en un episodi de *Crims*.

Però allà vam seguir. No podíem perdre l'oportunitat de comprar un sofà de segona mà que es venia com "gran oferta me lo quiero quitar de encima porque me voy del piso".

Després de tots els sorollets estranys i de moltes més picades de timbre, ens va obrir un home acabat de despertar dient-nos que ho sentia, que entréssim, que s'havia adormit. Òbviament una de nosaltres es va quedar a fora amb la porta oberta, fent la vigilància necessària per si passava alguna cosa. Al final, l'home va ser molt maco i ens va ajudar a baixar el sofà des d'un quart pis sense ascensor.

Quan ho vam aconseguir, al cotxe no ens hi cabia ni la meitat del sofà, així que vam acabar havent de fer dos viatges amb el maleter mig obert amb uns cables que ens va posar el bon home perquè a les Rondes no ens sortís la relíquia volant.

Contra tot pronòstic, ho vam aconseguir, i després de cagar-nos en la nostra tossuderia, ens vam sentir immortals i capaces de tot. Som bones negociant i aconseguim allò que ens proposem; una altra cosa que tenim en comú les tres.

Sí, ens vam sentir unes heroïnes, però hem de confessar que vam estar una setmana amb mal de braços i d'esquena, que no vam arreglar amb cap massatge de físio (tampoc vam anar-hi per comprovar-ho).

EL DIA DE BAIXAR TRASTOS

A Barcelona hi ha un parell de dies a la setmana, de 8 a 10 del vespre, que els barris s'omplen de coses "velles" que la gent deixa al carrer. Per nosaltres, sobretot al principi de viure a la ciutat, era una cosa que ens flipava: on alguns hi veien un trasto, nosaltres hi vèiem una ganga increïble.

Una de les estratègies que més hem utilitzat per omplir el pis de mobles ben parits és la de fer equip: si vèiem alguna cosa xula pel carrer, una de nosaltres s'encarregava de vigilar-la mentre les altres buscaven els mitjans per portar-la a casa. Després, tocava netejar-la i desinfectar-la bé.

Entre les millors troballes que hem fet hi ha un somier de sofà llit que ha salvat més d'una nit, un sofà petit que és el lloc perfecte per llegir, una preciosa taula de ferro i vidre i uns quants mobles Ikea que han ocupat diferents llocs en la distribució de Can Putades.

EL SOMNI DELS NOSTRES PARES

COM NO MATAR-SE PER UN PLAT A LA CUINA

Pot semblar molt complicat que unes adolescents s'entenguin i s'organitzin per tal de mantenir un pis mitjanament net i ordenat, però a la pràctica, almenys en el nostre cas, no va ser gens així (al principi).

Ens feia tanta il·lusió començar aquesta nova etapa que vam estar més de dos anys sense parlar de qui feia cada cosa. Si tu veies que la teva companya havia netejat el menjador un dia, sabies que la pròxima setmana et tocaria a tu, i així anar fent.

Però sempre hi ha un PERÒ. Sí que va haver-hi un moment, no sabem si per la confiança (que diuen que a vegades fa fàstic i nosaltres ho corroborem) o perquè ja no era tan nou el fet de viure soles, que ens vam adonar que el terra i les parets ja no eren blanques ni noves, i per alguna raó era.

Potser també hi va influir que la Joana vingués a viure amb nosaltres, ja que ella estava acostumada a estar en un pis on la neteja no estava a l'ordre del dia i que molts cops s'assimilava a una cort de porcs.

La qüestió és que vam acabar creant una roda per tal de dividir-nos les feines proporcionalment entre totes les que vivíem juntes en aquell moment: la Joana, la Núria, l'Ona i la Berta.

Per fer-ho vam dividir el pis en quatre parts: menjador, cuina, passadís i escombraries. Totes les parts es netejaven a final de setmana i la persona a qui li tocava la brossa, durant la setmana, anava controlant que no estigués a punt de rebentar. Molts cops acabava arrebossant i tirar una pela d'alvocat significava començar un joc de tetris.

La cuina sí que la netejàvem diàriament, ja que al no cuinar el mateix s'embrutava molt més, també per la poca cura que teníem, tot s'ha de dir.

El que millor se'ns va donar de tota aquesta organització va ser precisament dissenyar el quadre de divisió de feines. Era xulíssim! El teníem penjat a la cuina amb les nostres cares a cada lloc i quan una feia la feina, ho anava a marcar.

Us mentiríem si us diguéssim que es va fer sempre tot quan tocava i que mai ningú va marxar a la Garrotxa sense haver fet la seva part i sense deixar el pis amb més pols que una persona tornant de l'Acampada Jove. Després de bastants retrets i algunes discussions, no vam tenir més remei que fer pagar 1 € per cada tasca no feta o feta fora de termini. La teoria era que amb tots aquests euros recaptats compraríem coses que necessitàvem per al pis. Ara, on creieu que són tots els euros de totes les feines que no es van fer mai? Nosaltres tampoc ho sabem.

INTRODUCCIÓ A VIURE SOL. NOTA: ASSOLIT

Quan t'independitzes, hi ha moltes coses que ningú t'explica que existeixen de veritat. Potser perquè els adults normals ja les tenen prou interioritzades i perquè entenen que tu també. Però no és així. Les que més ens van xocar són:

* **La pols existeix i es multiplica.** Un dia et poses a netejar el moble del menjador i al cap de dos dies sembla que algú hi ha anat a espolsar la catifa per sobre. No importa quants cops treguis la pols, que sempre hi haurà una capa fina de partícules que et faran creure que tenen vida pròpia.

* **Les bosses d'escombraries s'omplen soles però no desapareixen de la mateixa manera.** D'alguna manera, creus que és millor aprofitar el viatge de baixar-la al seu respectiu contenidor quan surts de casa, però de cop se t'han acumulat 3 bosses grosses a l'entrada de casa, i més que brossa s'ha convertit en compost per a l'hort de l'avi.

* El paper higiènic no es reposa sol. I el cartronet s'ha de llençar, si no és que la teva intenció és construir un castell al bany diminut que tens. I un recordatori: cal neteja constant si no vols paneroles i sortir de la dutxa més brut del que has entrat.

En fi, viure sol et fa adonar-te de coses amb les quals mai no havies pensat abans i et fa sentir una mica absurd i inepte per a la vida en general. I és que, és clar, les bombetes no duren per sempre, el wifi no s'arregla sol si no truques a un tècnic o a la companyia durant 3 hores. També que les plantes s'han de regar (de veritat), si no es moren, i que la factura de l'aigua i de la llum no són cap broma que et feien els teus pares perquè et passaves mitja hora a la dutxa.

ELS 10 MANAMENTS
D'UN PIS COMPARTIT

1 L'hora de la migdiada ha de ser respectada, però tampoc com si fossis una reina adorada. Vaja, que una mica de vigilar sí, però silenci absolut no pots exigir-lo.

2 Si robes (menjar, roba, joies, un carregador, etc.) a un company de pis, sempre l'avisaràs. I si pots evitar-ho, no robis. Haver-te organitzat millor.

3 Deixa-ho tot com t'ho has trobat. O, si pots, millor. Si aquesta norma es respecta per part de tothom, la convivència serà molt senzilla.

4 No et posaràs roba d'un altre sense demanar-ho. Per compartir roba s'han de posar normes. És genial tenir la sensació de disposar de 4 armaris, però sempre emprenya no trobar net i plegat el top que just volies posar-te.

5 Respecta el son dels teus companys de pis a la nit. Ja que no ho farà el veí de dalt ni tampoc el camió de les escombraries, com a mínim fes-ho tu.

6 **Si ho pots trobar a algun lloc, no ho compris.** És la norma suprema de la decoració d'un pis d'estudiants. Construir un espai bonic encara fa més il·lusió si t'ha costat 0 €.

7 **A casa porta qui vulguis, però si portes algú al pis, avisaràs.** Mai se sap quan algú està poc sociable, poc visible o el que sigui, perquè no li vingui de gust xerrar amb convidats.

8 **Si algú està acompanyat o tens dubtes de si pot estar-ho, no obriràs la porta de la seva habitació.** Davant del mínim dubte no aniràs al labavo si creus que allà dins pot haver-hi més d'una persona.

9 **Si acabes el paper de vàter, llençaràs el cartró a les escombraries.** Punt.

10 **Rentar les mantes ho pot fer tothom.** Si fas una rentadora i tens espai, posaràs una manta comuna del menjador, un drap de la cuina o les estovalles.

* I un consell tonto, de regal: tenir plantes dona unes bones vibres increïbles, dona vida a la casa i cuidar-les és molt gratificant i un acte d'amor propi. (Recordatori: regueu-les)

PRIMERES VEGADES D'UNES GAR-ROTXINES A BARCELONA

T-MOBILITAT

Crèiem que ja ens havíem fet grans i que a partir d'aquell moment ja no necessitaríem ajuda de ningú (molt fort, sí). Avui, després de 6 anys, continuem trucant als nostres pares dos dies a la setmana, portant sobre del dinar del diumenge d'alguna de les nostres iaies i agafant menjar del rebost com qui agafa provisions per sobreviure en una illa deserta.

Pot ser que fer-nos grans ens espanti, que veure que cada cop seguim més el nostre camí sense anar acompanyades dels nostres pares ens fa respecte i moltes vegades sentim un abisme que ens fa venir vertigen. Ens queden molts anys per seguir creixent i no ens volem saltar cap pas ni cap moment.

Però amb els canvis sempre hi ha passos nous i primeres vegades. Així que ara venim a explicar-vos les primeres vegades a la gran ciutat, les que més recordem, les que més gràcia ens han fet, les que més il·lusió i més tot.

I és que diuen que les primeres vegades sempre es recorden: el primer cop que vas fins tard a una festa de poble, el primer dia de classe a ESO, el primer mòbil, el primer petó o el primer amor.

Imagineu-vos: setembre de 2019, 4 noies de 17 i 18 anys deixant de banda els carrers de pedres, les places on ens havien ensenyat a anar amb bicicleta, els horts, les gallines del jardí i les motos 49 que ens portaven de poble en poble per carreteres secundàries, i tot per viure envoltades d'edificis de més de 5 pisos, carreteres de més de quatre carrils, centres comercials, cinemes i farmàcies cada dos carrers.

TOTS ELS CAMINS PORTEN A ROMA

Arribar a la Universitat Pompeu Fabra del Poblenou és ben fàcil. Hi ha tres opcions: L1 del metro, bus V25 o caminant. Però no sé pas com m'ho cardava que hi havia dies que arribava a classe en 15 minuts i altres tardava més de mitja hora. El camí cap a la boca del metro sempre era diferent; no sé com m'ho feia que sempre me n'inventava un de diferent de l'anterior. A vegades baixava recte i després anava cap a l'esquerra o d'altres decidia anar alternant: baixava un carrer, l'altre anava cap a l'esquerra, i així successivament.

La meva idea era fer un estudi i mirar amb quin tardava menys. Però no va ser un estudi gaire eficaç: quan arribava a destí, no recordava parar el cronòmetre. En fi... Després vaig descobrir el meu *guilty pleasure* de la ciutat: les motos elèctriques. Quan anava exageradament tard (*tipo que* marxava de casa a l'hora que començava la classe) doncs res, pagava 3 € i ja hi era.

Confesso que si arribava gaire tard a classe ja no entrava a l'aula, i em quedava al bar (fent feina). És que, és clar, quina vergonya.

"EL METRO, EL TERROR DE LA GENT DE POBLE"

Quan em poso a pensar què em feia més respecte i por d'anar a viure a la ciutat, sense cap mena de dubte era el transport subterrani. Recordo, setmanes abans, mirar per internet tutorials per entendre el metro, com funcionava, per què unes línies pugen, i altres baixen, les direccions, les mil sortides, el transbord...

Quan m'hi vaig trobar, vaig veure que les hores dedicades a entendre-ho no havien servit per a res. Havia d'anar preguntant a la gent perquè m'indiqués com havia d'arribar al meu destí, però és clar, tot guiris amb encara menys idea que jo (si això era possible) de com arribar a plaça Universitat.

Puc semblar una exagerada, però de veritat que la primera setmana agafant el metro a Barcelona va ser dura. Recordo aprendre'm de memòria tota la línia que anava a la meva universitat per por de saltar-me la parada.

Al cap d'un mes vaig atrevir-me a canviar la ruta i afrontar la meva por al transbord: si ho feia tardaria 15 minuts menys. Però no va ser fàcil. He de confessar que creia que el transbord es feia sortint completament del metro, anant a buscar una altra boca de metro i tornant a entrar. I, és clar, no tardava menys a arribar, al contrari.

Em va costar d'entendre que la gent fos capaç de moure's per l'andana segons la sortida que havia d'agafar i que les portes per entrar al metro siguin automàtiques amb sensors i que no t'esclafaran si surts darrere d'algú.

No exagero si dic que, fins al 2n semestre d'universitat, no vaig saber ben bé com funcionava aquesta màquina tan estranya per a una pobra criatura de poble.

"UNA PEL·LÍCULA FUTURISTA"

Recordo la primera vegada que vaig agafar el Tram. No creia que allò fos real. Em semblava una pel·lícula del futur. Vaig estudiar Periodisme i Ciències Polítiques a la UPF: feia matins a Ciutadella i tardes a Poblenou.

Un dia de principis de carrera, alguns de la classe vam agafar el Tram que connecta les dues facultats. Mai havia pujat en un tramvia. Com us podeu imaginar, a la Garrotxa encara no ha arribat.

Ja em podeu imaginar: ben al·lucinada arribant al 22@ dins el tramvia, veient el supositori i tots els edificis que fan d'aquella zona una mini NY. La gent de la meva classe se'n reia, perquè no entenien com em semblava tan espectacular. La veritat és que jo sentia que vivia en l'any 2050.

QUANTS ANYS TENIES QUAN VAS DESCOBRIR AIXÒ?

I a poc a poc vam anar entenent com moure'ns per la nostra gran ciutat. No pas perquè siguem noies atrevides per provar coses noves (ja veieu que som més aviat de costums), sinó gràcies a una app que ens ha canviat la vida: Google Maps.

Us hem explicat que ens feia respecte anar per sota terra i que el tramvia ens semblava un invent del futur, però poc se'n parla dels busos barcelonins. No ens feia respecte anar dretes (gaire gràcia tampoc), sinó els carrers de Barcelona en si: tants carrils i tants tipus de vehicles junts en una mateix espai i tots en moviment, cotxes, taxis, motos, busos, bicis, patinets... Però, és clar, si Sant Google Maps deia que la millor opció era anar en bus, li havíem de fer cas. I també vam veure que, si no era un dia que plovia, el bus era l'opció més agradable.

I diem això de la pluja perquè quan plou aquesta ciutat és un malson (som una mica exagerades). La gent va boja amb els seus paraigües sense mirar si et buidaran un ull i tant és si dins del metro acabes xopa pel seu paraigua perquè algú ha decidit que l'havia de deixar sobre la teva cama. I gràcies als busos, hem entès algunes coses d'aquesta ciutat. Us les expliquem, així us estalviem investigacions.

Resulta que hi ha busos que es mouen de manera vertical, d'aquí els V25, V23... (de vertical) o horitzontalment, com l'H12, H8... I fins i tot n'hi ha que es mouen en diagonal! Que no per l'avinguda Diagonal, *al tanto*! Com el D50 o el D20. El que no hem entès mai són els números. No sabem el perquè ni què signifiquen. Si algú té ganes d'explicar-nos-ho, endavant!

Ah! I una altra cosa és el tema dels noms dels carrers, que també ens ha servit per reforçar una mica la nostra cultura general, així de regal. I gràcies a Barcelona (i a aquell cony de veu repetitiva que se't posa al cap) vam aprendre que els carrers tenen un sentit, com també a totes les ciutats i pobles del món, i que estan ordenats. Per exemple, a l'Eixample tenim els territoris de la Corona catalanoaragonesa: Aragó, València, Mallorca, Provença... Al Poblenou hi ha molts carrers de ciutats d'Espanya i, cap a un altre costat, països de Llatinoamèrica.

Llavors ens vam fixar que als nostres pobles i ciutats passa exactament el mateix. Tenim grups de pintors, escriptors, i també eines, volcans i arbres. Ara, hi ha una gran diferència: la llargada dels carrers. A Besalú pots quedar al carrer del Canó o al carrer d'Olot, ja que veuràs el carrer des d'on comença fins on acaba, però a Barcelona no et recomanem quedar al carrer Indústria o al carrer Aribau, ja que va d'una punta a una altra de la ciutat (tenint en compte que les cases poden anar de la 1 fins la 468).

TREURE'S EL CARNET A BARCELONA

Quan vaig fer els 18 anys ja estava instal·lada a Barcelona. I com que no anava a fer pràctiques els divendres a la tarda i els dissabtes al matí (tu flipes?!), vaig decidir que no n'hi hauria per a tant, perquè al final conduir és conduir.

Però tenia clar que volia provar d'agafar un cotxe abans que fer-ho per primera vegada a Barcelona. I que bé, havia après a conduir, però per camins de terra. Imagineu-vos la primera vegada que

van portar-me a la Meridiana. Vaig flipar. Per no parlar del dia que va tocar fer la rotonda de plaça Espanya. O els crits que vaig cardar quan em van fer entrar a la ronda del port, i anaven dient-me: ACCELERA!!! I jo: com?! Em xafaran, tots aquests camions immensos!

I per cert, vaig aprovar l'examen pràctic a la segona sortint de FOC i passant per tots aquests llocs que us dic. Vist amb perspectiva, treure's el carnet pels afores d'Olot o treure-te'l a Montjuïc és comparable a examinar-te del PET o de l'Advanced, respectivament.

La cosa bona és que mai he tingut aquella por que diuen tenir els de poble a l'hora d'entrar a Barcelona, però sempre preferiré pujar per les corbes d'Oix que travessar la Diagonal.

QUIN MERDER

PÒSTIT DELS COLLONS

Tota aquesta aventura suposava haver de gestionar la convivència dins d'un pis. Ben d'hora vam veure que no era fàcil i que hi havia aspectes que no havíem pensat que hauríem de parlar o tractar d'alguna manera o altra.

Ara, els nostres primers conflictes de convivència ens fan riure molt, però en aquell moment havien arribat a comportar crits i emprenyades considerables.

Un dels més destacables va ser el tema sofà. Hi havia un sofà molt més còmode que l'altre i totes volíem seure allà, però ningú podia ser més per autoritzar-se'l com a seu. Així que vam acabar fent estratègies rebuscades per aconseguir seure-hi abans que l'altra. Perquè, això sí, la primera que hi arribava després de sopar s'hi quedava fins que anàvem a dormir. Pensareu que hagués set més fàcil fer una taula on anéssim rodant i a totes ens toqués algun dia de la setmana seure al lloc més còmode i sol·licitat, però no va ser així.

Les millors tècniques eren sopar ben aviat, rentar els plats i arribar abans que les altres. O el sistema de la Laila i la Núria, que es tornaven per rentar plats i guardar el lloc de l'altra. Al final van acabar posant-se un pòstit amb els seus noms a la paret, a sobre el sofà. Probablement, la veïna de dalt (en algun moment parlarem d'aquesta senyora) aquella nit ens va sentir cridant.

Al final, vam acabar sopant directament al sofà, així ningú s'ofegava mentre s'empassava sense mastegar la truita de formatge per poder acabar abans.

La segona de les discussions per excel·lència eren les migdiades. Totes les fèiem d'una manera o altra, en horaris i durades diferents, o a vegades, alguna que ni en feia. La Laila i la Núria es van acostumar a fer-les al sofà i decidien abaixar les persianes, i si alguna, per casualitat, volia anar al menjador a fer feina o qualsevol cosa, no podia. (Suposem que tothom va veient qui portava els pantalons de la nostra meravellosa relació de 5.) Per altra banda, la Berta feia migdiades a la seva habitació, que podien durar d'una hora a tres hores, i no podies fer ni el mínim soroll perquè la despertaves i... liada forta. L'Ona i la Joana eren més comprensives, potser perquè les seves habitacions quedaven més lluny, però també s'havia de vigilar no despertar-les en la seva fase REM.

WWW.TVGUIA.ES

De tota la vida que, a casa els pares, el migdia és el moment del telenotícies de TV3, "però ara que som joves independents mirarem el que ens doni la gana" (DÈIEM).

Futbol, una pel·lícula, una sèrie de Netflix, *reality shows*... Quan érem totes a casa era un drama haver de triar què miràvem a la tele.

La televisió que tenim, que té més o menys la mateixa edat que nosaltres, és així, *vintage*, que li dirien ara. Per sort, té entrada de cable HDMI i podem posar el que calgui des de l'ordinador.

Al migdia hi havia sempre ELS SIMPSONS, que aquí és on va començar també la rutina de dinar o sopar amb auriculars aquelles que no els hi agradava gens. Però és que eren sagrats, a part dels millors dibuixos animats del món (opinió només de les que imposaven mirar-ho); tranquils, que aquest meló no l'obrirem ni ara ni després. Tot i que sí que amb els anys cada vegada hem anat veient cada cop més el telenotícies per dinar (suposo que ens recordava ser a casa).

Molts cops acabàvem mirant *First dates* perquè era de les úniques coses que ens agradava a totes o bé acabàvem decidint parlar entre nosaltres de com estàvem i com ens havia anat el dia (de fet, això ho fèiem moltíssim).

Però finalment vam trobar la "nostra sèrie", que vam estar mirant religiosament durant gairebé mig any, perquè durava aproximadament 320 temporades. Sí, la de *Física o química*, i és que... qui no l'ha mirat i s'ha enamorat d'algun dels personatges principals?

Només hi havia una única norma: per mirar els capítols, hi havíem de ser totes. Com a llei de la casa, quan se n'anava algú, paràvem de mirar-ho, però a vegades quèiem en la temptació, i després no quedava més remei que fer-se la sorpresa el següent dia, quan totes vèiem l'episodi que tocava.

Quines ganes que teníem d'arribar a casa de la uni per veure-la, i quina tristesa quan la vam acabar i ja no vam saber trobar res més per mirar... Quins temps...

La que se avecina estava (i segueix estant) completament prohibidíssima per la Joana, perquè es queixava molt i molt d'aquelles "veuetes insuportables i que se't posen al cap i a sobre no fa GENS de gràcia", tal com diu ella. Però suposem que algun dia ho havíem aconseguit posar, perquè a vegades ha deixat anar les frases "este mes no cobras" o "pues te confisco el felpudo", que ni ella mateixa sap com les ha pogut dir i ens culpa a nosaltres d'haver-l'hi fet escoltar. La pitjor discussió per LQSA va ser en el primer viatge de Can Putades com a Can Putades a l'estranger, quan en una habitació on dormíem les quatre, la Berta volia adormir-se escoltant aquesta sèrie espanyolíssima sense auriculars i la Joana es va tornar bastant boja. Però encara a dia d'avui només es pot mirar amb auriculars o quan ella no és al menjador. O si ho posem, farà una cara de cul i dirà "traieu aquesta merda".

Per sort, ara ja compartim una afició comuna per passar algunes tardes i vespres: el futbol. La Joana sempre ho ha seguit molt, però al principi no li deixàvem posar-ho a la tele perquè a les altres ens interessava el que ve a ser gens ni mica. Però amb el temps, no sabem si perquè ens hem tornat bastant siameses (a vegades pensem o responem el mateix i ens fa por estar-nos convertint en la mateixa persona) o què, però ens hi hem ben enganxat.

Ara, el millor pla d'un diumenge a la tarda és saber que a les 9 jugarà l'equip de la nostra vida, el Barça. Així que sí, a Can Putades s'han celebrat molts gols i s'ha insultat una miqueta quan ens han xiulat jugades en contra.

I cal dir que, la majoria d'aquestes coses, les continuem fent a dia d'avui, perquè seguim discutint per decidir què mirar cada nit i molts cops acabem posant qualsevol rucada perquè el sopar ja és fred.

GESTIONANT-NOS LA VIDA

Sempre estarem orgulloses de poder dir que hem tingut moltíssima sort de la família que ens ha tocat i per la circumstàncies que hem viscut. Els nostres pares es van poder permetre pagar-nos el pis i la carrera. I si no haguéssim tingut aquesta sort, gairebé segur que no estaríem avui aquí explicant-vos tot això.

Però, a banda d'això, independitzar-se és car i Barcelona encara ho és més. Surts de casa i, quan tornes, el teu compte del banc està a menys trenta-tres, perquè alguna cosa t'has acabat gastant, ja sigui per necessitat real o inventada (molts cops la segona). I nosaltres treballàvem perquè tota la resta de despeses ens les pagàvem nosaltres amb els diners que fèiem els caps de setmana o entre setmana, però no fèiem massa hores, pel que us podeu imaginar, molts diners no els teníem i vam haver de buscar maneres de retallar despeses.

OMPLIM LA NEVERA

És complicat, de cop, haver de gestionar-te tu la compra setmanal. De fet a mi (Joana) encara em costa bastant i ja fa uns quants anys que l'hem de fer.

Organitzar-se per haver de comprar aliments de manera que te'ls puguis anar menjant sense que se't facin malbé? Ens sembla complicadíssim, sincerament. Saber un dia a la tarda què et vindrà de gust menjar durant la setmana? No us ha passat alguna vegada d'haver anat a fer la compra, pensar "oh, sí, quina compra més boníssima", i AQUELL MATEIX DIA a la nit no saber què sopar? Terrible.

Sense parlar dels tàpers, que s'acaben convertint en experiments científics. Els guardes a la nevera pensant que d'aquí dos dies tindràs un dinar llest per a després de la uni. I un dia obres la nevera i el veus allà al fons pansit i trist i decideixes obrir-lo sense pensar que quan ho facis descobriràs un nou ecosistema i desbloquejaràs una nova olor que haguessis desitjat no haver experimentat.

També podem tractar el cau negre de la nevera. Com pot ser que hi hagi aliments que, quan entren, ja no surten si no és per anar directes a la brossa? Per algun motiu que encara no hem descobert, s'acaben perdent en un racó fosc i quan te n'adones ja és tard, i la data de caducitat ja és massa lluny, i no pots ingerir-ho sense acabar a l'hospital.

Al pis hem passat per moltes etapes. Durant la pandèmia, per exemple, com que teníem horaris molt similars, cuinàvem juntes. Al principi vam tenir una època en què gairebé totes érem vegetarianes i el pebrot es va apoderar dels menús de casa nostra: pa amb pebrot, pebrot amb pa, pebrot amb ou, pebrot amb cigrons, i així infinites combinacions.

I també hi ha un altre gran tema: el supermercat. Ara ja fa un temps que n'han obert un a davant de casa, però abans teníem qualsevol súper a més de 5 minuts caminant. I, és clar, d'anada cap problema, però tornar ben carregades de bosses, ja emprenyava.

I un dia vam pensar: per què no anem fins a casa amb el carro del súper? Ja el tornarem el pròxim dia... Però el pròxim dia ens era més còmode agafar-ne un altre i portar-lo fins a casa. Amb la broma, hem acabat acumulant uns quants carros de la compra al "jardí" de casa (amb jardí volem dir celobert d'uns baixos, que és un metre quadrat amb el terra desnivellat). Alguns els vam tornar, ara ens en queden un parell o tres.

Al començament anaven bé per anar a posar la rentadora a la bugaderia. Eren realment útils. Ara, però, ja fa temps que tenim una rentadora que ens va regalar una alumna de la mare de l'Ona i els carros no fan massa més funció que vigilar el pati i veure com cau la pluja. Això sí, sortir al celobert a estendre la roba i veure la col·lecció de carros sempre ens treu un somriure.

VEÏNS, HEM DE PARLAR

Hem tardat anys en tenir bona relació amb els veïns del nostre bloc de pisos a Can Xava. Us assegurem que al principi només ens saludava l'Ada, la portera (a qui hem d'agrair que sempre ens ha tractat com una mama en aquesta ciutat). Ningú més ens deia ni mu. Res de res, ni quan ens creuàvem per les escales, ni entrant ni sortint per la porta. "Què els passa a aquesta gent?", pensàvem.

Nosaltres venim de pobles petitons i d'un entorn on tothom es coneix i, per tant, tothom se saluda a pràcticament tot arreu. Vaja, nosaltres, que estem acostumades a dir "hola" absolutament cada dues passes, per què no hauríem de dir "adeu" al senyor que et trobes buscant les claus a la porta d'entrada al bloc mentre surts? De fet és una cosa que fins i tot agraíem quan vam arribar a la gran ciutat, sentir-nos anònimes, que ningú sabés què havia fet la nostra mare quan era jove o quin partit voten els nostres avis. Però entre poc i massa...

Ens xocava molt que a Barcelona, per exemple als establiments, la gent no se saludés a l'arribar o al marxar. I no ens referim precisament als cambrers, ja que acostumen a ser simpàtics i saludar quan entres o marxes del bar.

Aquí la penya va al seu aire. Si senten crits o un rebombori que s'allunyi del normal ni es giren. Els hi ben pela. En canvi nosaltres serem les primeres a deixar qualsevol cosa que estiguem fent per saber què ha passat, sigui enmig d'una partida de cartes al bar o fent pel·li i manta. Nosaltres faríem tard a la uni per haver fet veure que et cordes les sabates durant deu minuts per tal de no perdre'ns una discussió de veïns.

Molts dies ens sentíem les més escandaloses del transport públic. Un d'aquests, tornant del centre en hora punta, que sents que estàs en una llauna de sardines, parlant amb les nenes sense veure'ns les cares, quan al baixar em trobo el meu professor d'universitat i em diu: "Quan us he sentit ja em pensava que series tu."

És cert que som bastant cridaneres. La Núria, per exemple, té la mania de cridar ben fort des de l'altra punta de la casa (no li agrada massa això de moure's si vol alguna cosa).

Un dia que ens cridàvem d'una habitació a l'altra (ens dèiem no sé què, però no cridàvem perquè estiguéssim enfadades), i de cop vam sentir la veïna de dalt que ens renyava dient: "Com es nota que sou de poble!"

Fins i tot un dia que érem a un bar explicant el *marro* de la setmana, una parella que estava dinant allà al costat ens va dir que abaixéssim la veu, perquè ens havíem posat dins el seu cap. ACLARIMENT: era un bar, no un restaurant. Que saber-nos comportar ja en sabem. I els vam dir que si volien silenci anessin a la biblioteca del costat, que nosaltres no estàvem fent mal a ningú.

ELS 10 MANAMENTS
PER SOBREVIURE A BARCELONA
(I NO MORIR EN L'INTENT)

1 **No posis la calefacció sota cap concepte.** L'hivern a Barcelona dura poc, si tens fred posa't un pijama apelfat, uns bons mitjons d'anar a esquiar i abriga't amb mil mantes.

2 **Fes un estudi de mercat per saber a quin lloc aniràs a fer la compra.** Busca tots els supermercats i establiments en un radi de 500 metres i fes-te la targeta client, així t'assegures que no et perds cap oferta.

3 **Digues NO a tenir una sucrera.** Si creus que al teu pis hi ha poca emoció, podeu fer una competició de *pillar* sucres als bars (a més mala educació rebuda, més grams de sucre cap a casa). Ja sabem que el sucre és barat, però fa més gràcia fer-te un cafè amb un sucre de sobre de bar.

4 **L'aigua és un bé escàs, cada gota compta, i a la factura també.** Les dutxes no es calculen per minuts sinó per cançons, prepara-te-les bé. Per anar bé n'han de ser dues, però si t'has de depilar en podràs escoltar una tercera. Si pagues la subscripció al gimnàs, dutxa't allà sempre.

5 **El forn serà compartit o no serà.** Oblida't de fer peix al forn per sopar. Si cap de les teves companyes farà servir aquest electrodomèstic, canvia de menú. L'energia ha de ser compartida.

6

Les gallines de la iaia seran les teves millors aliades. Sap greu si no teniu gallines a la família, però en cas que sí, aprofita-ho. Mai hauràs menjat uns ous tan bons. Si no, sempre et quedarà el rebost de casa els teus pares: un supermercat de franc.

7

No et rallis si els veïns no et saluden; no és personal, és barceloní. Si algú passa de llarg sense dir ni hola, no t'ho prenguis malament. Cadascú té la seva rutina i, amb tanta gent, és normal que hi hagi poca interacció. Només somriu i continua amb el teu dia!

8

El transport públic és el teu millor amic. Aprèn a dominar el metro i els autobusos abans que ells et dominin a tu; són ràpids i eficients. Consulta les aplicacions per saber quan arriba el pròxim i no et preocupis si a vegades va ple. Agafa un llibre o escolta música o NO CARDIS (un molt bon pòdcast).

9

Caminar per Barcelona pot ser un plaer. No tinguis pressa, caminar per la ciutat és descobrir mil racons. Si tardes el mateix caminant que amb algun transport, aprofita l'oportunitat i fes servir les cames. També pot ser una manera d'estalviar-te el gimnàs i fer càrdio.

10

El sofà més còmode és un dret compartit. Hi ha sofàs i sofàs incòmodes. Feu un sorteig o un calendari per assegurar-vos que tothom gaudeix del confort almenys una vegada a la setmana.

Ben bé es podria dir que si vius en un pis d'estudiants acabes desenvolupant una creativitat que no sabies que tenies, així com una paciència que els teus germans, a dia d'avui, encara no coneixen.

QUE COMENCI LA FUNCIÓ

Una putada, segons el diccionari, és "un vulgarisme per referir-se a qualsevol tipus de perjudici que hom rep, en especial quan ha estat intencionat per una tercera persona conscient del mal que produïa".

D'aquestes, a Can Putades, ens n'han passat moltíssimes, d'aquí el nom, com ja sabeu. Però una putada no només ho utilitzem per referir-nos al que fa una persona expressament per tocar-nos els ovaris.

Saps allò de tenir una flor al cul, que et passen coses molt bones perquè sí? Doncs tot el contrari. Devíem tenir la maledicció d'haver vist molts gats negres o trencar miralls o vessar pots de sal (ha passat tot) perquè cada setmana ens en passava (i ens en passa) alguna, sigui intencionada o no.

Com quan la Berta va anar a gastar-se la pasta imprimint el seu TFG de més de 100 pàgines i quan va arribar a casa va veure que al títol, en lloc de dir-hi MEMÒRIA, hi deia MEORIA.

O quan teníem el sostre d'un dels banys ple de goteres i tot ben floridet de fongs, i la resposta de l'agència responsable va ser que havíem de ventilar més. Com si fos culpa nostra el fet que la caldera estigués col·locada a sobre la dutxa i tingués una fuita d'aigua amb la corresponent piscina allà dalt, i que provoqués unes taques immenses de floridura.

També és digne de Can Putades el congelador, que cada mes i mig decideix sobrecongelar i deixar de funcionar (què t'esperes d'una nevera que hem comprat per 30 €...). Llavors, hem de portar els gelats a la portera, la qual mai ens deixa accedir a la terrassa de dalt de tot de l'edifici perquè se l'ha fet seu per estendre la seva roba.

Ah, i recorda avisar a tothom de casa quan et vulguis dutxar, no sigui cas que a algú se li acudeixi obrir alguna aixeta (excepte si l'objectiu és matar-te de congelació).

Ben bé que tot emprenya, però aquestes són putadetes fàcils de suportar, amb les quals t'hi acostumes ràpid i inclús t'acaben traient algun somriure.

Com a putada monumental del pis tenim el fet de tenir dues habitacions que et fan sentir que estàs en una presó, no per petites (que també), sinó pels barrots de la finestra. Una mica com viure a la Model.

A més, les habitacions-presó donen al replà, així que no cal una alarma a les 8 del matí, perquè ja et desperta el bebè del 2n que té gana, el gos pesat del 3r, els cops de porta de la gent que entra i surt o la portera fent petar la xerrada amb qualsevol veí sobre algun tema *random* com l'augment del preu del lloguer, el temps que farà o la plaga de paneroles que viuen al nostre edifici (més endavant les coneixereu).

I llàstima de no haver fet un rànquing des del primer dia de coberteria trencada; seria divertit de veure-ho ara. Però sense haver-ho fet, podem assegurar que l'Ona és la que més plats, gots i copes ha trencat.

I més enllà del que hem viscut entre les parets del nostre pis, des que vivim a Barcelona la ciutat ens ha regalat grans i memorables putades. Per exemple, la mà de baralles que hem tingut amb el transport públic.

MOLTA MERDA

Què prefereixes, ser el pringat que fa el xou perquè li ha caigut alguna cosa a la via o planxar-te els cabells gratis? Doncs nosaltres ho hem viscut tot. No sabríem dir què va ser pitjor. Probablement, pel context, el primer, ja que ens trobàvem fent "el passeig de la mort" (no és cap escorxador, és com li diem a la ruta que agafem per anar i tornar de Barcelona).

CINC-CENTS EUROS QUI BAIXI A BUSCAR-LO

Carregades com mules deixàvem el cotxe als afores de la ciutat per fer una bonica ruta a peu + metro + transbord + metro + a peu. D'aquelles que entra genial fer un diumenge a la tarda després d'haver fet 3 hores de cua per entrar a Barcelona.

Tenint en compte el desgast de fer aquest llarg passeig i sumant-hi que eren les 11 de la nit, sol·licitar al personal del metro que baixés a buscar-te el mòbil que algú va llençar-nos (sense voler, o volent robar-lo, no se sap) va ser tot un tràmit que es va fer ben llarg. Li van passar dos metros per sobre i la treballadora salvadora va anar a agafar-lo. La part bona de la història és que, per sort de la vida, el mò-

bil va caure en un lloc on els metros quan passaven no el tocaven i no va resultar ferit. Així que vam poder continuar fent vídeos criticant aquesta màquina de la mort i les nostres putades habituals.

TIPS PER PLANXAR-TE ELS CABELLS

Un d'aquells dies que t'aixeques i ja saps que no serà un dels millors dies de la teva vida i que, probablement, acabes fent que no ho sigui per després poder dir-te com d'endevina i bruixa ets.

Doncs un dia d'aquests, que arribava tardíssim a la uni, vaig aconseguir entrar pels pèls al metro, sentint-me una mica Kilian Jornet. Mentre anàvem d'una parada a la següent, vaig quedar-me recolzada a la porta, però no perquè em fes il·lusió mirar per la finestra els soterranis de Barcelona, sinó perquè els meus cabells s'havien quedat enganxats entre les dues portes del vagó. Almenys vaig fer passar una bona estona als passatgers que m'acompanyaven.

UNA PLACA VAL MÉS QUE MIL PARAULES

Era un dia que estava arribant tard a classe i em vaig deixar a casa la T-mobilitat (típic que la canvies de lloc i dius me la deixaré, i passa). No tenia targeta física ni efectiu, i les màquines del metro no accepten *contactless*, així que només em quedava una alternativa per no arribar tard a la universitat: colar-me darrere d'algú.

Algun cop ja ho havia fet i, sense dir res, passava rere algú, i sempre em pujava l'adrenalina, però aquell dia, per ser simpàtica o no sé per què, vaig decidir preguntar-ho al primer que passava.

"Perdona, que puc colar-me darrere teu? És que estic arribant tard a classe i m'he deixat la targeta..." (amb ulls de gosset abandonat i veu d'angelet). "No, soc el revisor del metro, que encara m'he de posar l'uniforme, i no et colaràs", em va dir l'home.

I jo, pensant que em vacil·lava o que li seria ben igual, vaig intentar passar amb ell. Ho va veure i, ben enfadat, es va girar per ensenyar-me el carnet de treballador de TMB. I com qui treu la placa de policia: "T'he dit que no et colaràs."

Em vaig morir de la vergonya, però per sort una senyora que passava per allà va veure tot el xou i em va dir que passés amb ella. Moltes gràcies, senyora anònima.

I he de confessar que no és l'única vegada que m'han ensenyat el carnet de TMB. No fa tant, en un d'aquells impassos de "m'ha caducat la T-mobilitat però fins d'aquí dues setmanes no torno a Barcelona i no me n'he de comprar una altra", vaig haver de colar-me en una d'aquestes parades antigues que pots simplement obrir la porta al revés i passar.

Vaig pujar al metro amb la típica adrenalina de cometre una infracció, quan se'm va acostar un revisor vestit de carrer, es va ajupir al meu costat (soc la típica persona que sempre que pugui la trobareu asseguda al terra del vagó), i em va treure el carnet de TMB.

Em vaig CAGAR, pensava que em diria alguna cosa com "ara em posaré l'uniforme i et multaré". En canvi, em va dir "us conec de Can Putades i t'he vist colar-te. Només et volia dir que m'agraden molt els vostres vídeos i que vagis amb compte, que avui hi ha controls".

Sempre als nostres cors aquest senyor simpàtic.

SI CAU UNA, CAIEM TOTES

Va ser un d'aquells dies que la festa comença increïble, continua perfecte, però que no saps en quin moment et comences a replantejar la teva existència, recordes el hàmster que vas deixar d'alimentar quan eres petita i que va acabar trobant-lo mort la teu mare, i entre una cosa i l'altra acabes pensant en tots els amors que t'han fet mal o has fet mal tu, però que en aquell moment et saben un greu immens.

Doncs enmig d'una nit d'aquestes, baixàvem cap al metro de Paral·lel i, agafades de la mà, la Nuni i la Joana ploràvem. Cadascuna pel seu drama del moment, la Nuni perquè estava amb un tros de burro que sempre la feia plorar i la Joana perquè havia vist el noi que li agradava amb una altra.

Hem de dir que a Can Putades sempre hem sigut de llàgrima fàcil, algunes més que altres. Aquell dia, però, de tant plorar ens vam colar al metro a la cara del revisor i no va dir ni mu. "Ja en tenen prou amb el que tenen", devia pensar el pobre home.

Ens disposàvem a agafar el primer metro del dia a la primera parada de la línia, per això, quan vam passar les portes, vam veure el metro esperant-nos. I sense pensar que encara faltaven uns bons 10 minuts perquè comencés la ruta, ens vam posar a córrer com si hagués de marxar al cap de 20 segons (encara agafades de la mà i encara plorant com unes magdalenes).

Però no vam tenir en compte que no ens hi vèiem de cap ull i que anàvem amb uns talons d'aquells que ja de per si costa de caminar. I ens vam cardar l'hòstia de les nostres vides: vam començar a rodolar com dues croquetes, sense deixar-nos anar de la mà ni un moment. Quan vam arribar a baix, no sabíem si ploràvem pels nostres exs o per la santíssima hòstia que ens havíem cardat. La cosa bona de la història és que teníem un motiu millor per plorar.

EL PODER D'UNES BOTES

13 de novembre de 2019. Portàvem poc més d'un mes a Barcelona, i una amiga i jo vam anar a prendre alguna cosa. Se'ns va acabar fent tard, i vam mirar a la nostra app preferida (Google Maps) com tornar a casa, i ens recomanava fer transbord de bus. Així que li vam fer cas.

Però la meva amiga va dir-me que ella aniria a dormir a casa d'un noi, que vivia a mitja hora caminant. Jo estava preocupada per ella perquè no tenia bateria al mòbil i, a sobre, no vivia a Barcelona, però va insistir-me tant que la vaig deixar fer. Així que ens vam separar: ella va anar cap amunt i jo cap avall.

Al final del carrer de casa nostra hi ha una benzinera i, just quan hi estava passant, vaig notar com una persona m'abraça per darrere i comença a estirar-me el bolso, mentre cridava: "Suelta el bolso, ¡suéltalo!" Vaig aconseguir girar-me i vaig veure que era un home amb el casc de moto posat. I jo, que devia portar literalment 10 € allà dins vaig dir: "Mmm, ni de conya, que amb

això menjo una setmana, cari." I vaig començar a cardar-li cosses a tota la tíbia amb les Dr. Martens, fins que va deixar-me estar.

Fuà... en aquell moment em va baixar tota la valentia, que no sé d'on vaig treure per encarar-me amb aquell senyor, i em vaig posar a plorar al terra de la gasolinera. Devien ser quarts de tres de la matinada, però encara hi havia prou gent per l'hora que era.

Hi havia una treballadora que devia veure-ho tot i la molt guarra em va mirar i no va sortir del *garito* ni per donar-me aigua. I un noi que estava posant gasolina (també amb el casc de moto posat!!!) em va venir a dir: "Vols que et porti a casa?" Òbviament li vaig dir que no feia falta, perquè vivia a un minut d'allà, però el que sí que vaig demanar-li va ser una abraçada.

I així va ser com vaig ser abraçada per dos homes diferents amb un casc de moto posat i en un espai de temps de 5 minuts. Quan vaig arribar no podia parar de plorar de la por que havia passat en aquell moment.

(Epíleg: aquesta història no els hi vaig explicar als meus pares fins al cap d'un any i mig.)

CAN QUINA
PUTA POR

La Nuni sempre ha cregut que pot percebre l'energia dels llocs i de la gent. I la primera vegada que va entrar al pis, amb tot buit i blanc, va notar una energia tan neta que era increïble. Havíem creat un espai tan segur que no volíem de cap manera que aquella aura pogués desaparèixer o embrutir-se.

També és veritat que, parlant d'energies, a l'habitació de la Joana (que també havia sigut la de la Laila un parell d'anys, de la Sara un curs escolar i de la Laura, la companya de feina de la Sara, un estiu) des del principi ha tingut una mena de força no visible que crea un eco molt estrany. Totes les que hi han viscut diuen que segur que allà hi havien passat coses (i no gaire bones). I si hi sumes els barrots de la finestra, l'habitació fa realment poc bon rotllo per viure-hi.

Però deixant de banda aquest quarto merdós, com a bon pis d'estudiants, a Can Putades sempre hi ha entrat tot déu. Que si la meva amiga de la uni que porta dues amigues més, que si la *compi* de feina, que si el nòvio o el mig nòvio, i fins i tot el tio que has conegut fa dos dies a Tinder.

I és clar, massa energies juntes, pel que la Nuni va decidir començar a fer un ritual cada cop que aquestes persones marxaven de casa: passar el *palo santo* com una boja. Es

concentrava de veritat mentre ho feia (la tècnica és creure en el que fas), posava encens i obria totes les finestres perquè, a part de fer fora les feromones d'entre les parets i l'olor de tigre mort que deixen moltes persones juntes, cardar fora també les males energies i vibracions que es podien haver quedat per allà.

Però més enllà del *palo santo*, que fa el que pot, a Can Putades ens han passat històries terrorífiques. Bé, algunes només ens les han explicat, però com a bones intenses i empàtiques que som, ens ho hem acabat portant al nostre terreny com si ho haguéssim viscut. I després passa el que passa.

QUI S'HA MENJAT EL MEU FUET?

Ja sabem que la realitat sempre supera la ficció. I la imaginació sempre pot convertir en realitat una cosa que no ho és, tal com ens va passar a nosaltres.

Devia ser algun dimecres o dijous al vespre i potser estàvem preparant el sopar, potser sopàvem o ja havíem acabat. Devíem estar debatent sobre qualsevol cosa del moment, la covid o algun cor trencat. De cop, la conversa va fer un gir perquè algú (no ens ve al cap qui) va recordar una anècdota que li havien explicat els seus amics de la universitat.

Aquesta història havia passat en un pis d'estudiants i per això ens vam familiaritzar molt ràpid amb el que explicava. Passava en un pis compartit on tots eren de poble i que, tal com fem nosaltres religiosament, tornaven a casa seva cada cap de setmana.

I anava així: els companys van començar a trobar a faltar menjar a la nevera, però ningú volia acusar els altres d'haver-s'ho menjat. Fins que un dia hi va haver una de les noies que per algun motiu es va haver de quedar a Barcelona. Va decidir comprar-se un parell de paquets de fideus d'aquests de preparació ràpida i la primera nit sola, que era un divendres, es va menjar un dels paquets. La segona nit que va estar sola no la va passar al pis, sinó que va dormir a casa d'una amiga.

Diumenge ja tornaven els companys i dormiria millor al pis amb més gent, no sabia per què però la noia tenia una sensació estranya a dins. I va arribar alhora que dos dels seus companys. Tenia gana perquè ja era hora de sopar i es va dirigir al rebost sabent que tenia un altre paquet de fideus que, sorpresa!, no va trobar. Va decidir preguntar als seus companys si algú havia vingut

al pis i s'havia menjat els seus fideus. Ells, incrèduls, van respondre que no.

I van començar a parlar de tot el menjar desaparegut, ningú s'havia menjat res de l'altre. Ni el tàper de macarrons, ni els frànkfurts, ni el pollastre. I es van cagar a sobre. Qui estava fent desaparèixer tot el seu menjar? Van decidir anar a comprovar per tota la casa si hi havia algú i resulta que un rodamon s'havia instal·lat a viure sota el llit d'un d'ells.

Va coincidir que la Nuni feia una setmana que reclamava una rajola de xocolata que jurava i perjurava que no s'havia menjat i que havia desaparegut. En aquell moment a Can Putades ens vam morir de por.

I si hi havia algú al nostre pis?

Vam començar a parlar de menjar desaparegut i ens vam veure aterrides davant la situació d'haver d'anar a comprovar que no hi hagués ningú sota els nostres llits. Entre crits i atacs de pànic generals, vam anar a comprovar totes i cadascuna de les nostres habitacions.

Evidentment no hi havia ningú, però sempre que "misteriosament" desapareix alguna cosa a Can Putades, se li adjudica a l'home de sota el llit. Amb tot això, mai podrem saber si la xocolata de la Nuni se la va menjar ella, o algú va decidir callar per sempre i culpar l'home de sota el llit.

NO ET DEIXAREM PORTAR MAI MÉS A NINGÚ, JOANA

Un altre dia que ens vam cagar de por va ser amb una de les visites de la Joana, que ha estat sempre acusada de ser la que porta gent més rara al pis. Era un noi al qui li havia llogat l'habitació del seu antic pis quan va marxar, un *skater* alternatiu. Ens havíem fet mig amics, tant que havia vingut a fer la birra alguns dies a casa i venia a acomiadar-se perquè marxava a viure a un altre lloc.

La visita va ser tranquil·la, com qualsevol altra. Però al dir-nos adeu, parat a la porta del menjador, ens va dir: "Tened cuidado, chicas." Nosaltres ens vam quedar una mica parades i va repetir: "Tened cuidado, tened cuidado, chicas."

El vam deixar marxar pel passadís mentre, una mica parades, vam sentir com tornava a dir "tened cuidado" abans de tancar la porta. Ens vam CAGAR.

De què merdes ens havíem de cuidar?

Vam entrar en pànic grupal que encara fos a dins de casa i ens fes alguna cosa. Tot ens recordava molt un altre dia que també havíem passat moltíssima por per tenir un (des)conegut al pis: la nit del recital de poemes.

LA FINA LÍNIA ENTRE L'INTEL·LECTUAL I EL PSICÒPATA

Es podria definir com una de les nits més terrorífiques que hem viscut al pis. I no, no és que sentíssim o veiéssim una ombra estranya i tampoc acabàvem de veure una pel·lícula de por. Simplement una de nosaltres (ja us podeu imaginar qui) va portar un "conegut" seu perquè, segons ella, estava sol i li feia pena.

Nosaltres, com a bones amfitriones i amigues, vam accedir pensant que seria un vespre qualsevol, fent birres, rient i parlant de la vida, però no va anar gens així, amics.

Aquesta persona, al principi d'arribar a casa, va semblar una persona ben normal.

Però en un punt de la nit en què estàvem al sofà parlant, ell va decidir que el que li venia més de gust era llegir poemes a les fosques, que eren, ja de per si, terrorífics. La majoria no ho volíem, però com a bones amfitriones ho vam acabar fent. En aquest moment, ja vèiem que no pintava bé i tot va començar a fer bastant de mal rollo.

Es va aixecar, va apagar tots els llums i va començar a recitar amb una veu molt greu, que fins al moment no havíem sentit, i a passejar-se per la cuina-menjador, mentre ens deia que acluquéssim els ulls. Algunes li vam fer cas perquè només volíem que tot passés ràpid. Les altres, fluixet, parlaven. La Nuni li deia a la Laila "tia, jo no penso tancar-los, quina puta por", i la Laila, amb un ull mig obert, contestava: "ni de conya".

Ja ens imaginàvem aquest personatge agafant un ganivet de la cuina mentre feia una ritual satànic.

Estàvem realment cagades i alguna de nosaltres li va dir que prou, que no ho volíem i que millor que miréssim una pel·lícula.

Es podria haver quedat aquí, i deixar-ho com una anècdota, però va decidir continuar fent de les seves. En les primeres escenes ell ja va començar a dir que no li agradava, que volia que parléssim, però com entendreu, en aquell moment ningú volia intercanviar ni dues paraules

amb aquell ésser i vam deixar de fer-li cas. Al cap d'uns minuts, es va aixecar i va anar al lavabo, després de tancar la porta del menjador.

Els minuts que va estar fora van ser eterns i juraríem que en van ser més de 10. Com que no tornava, el vam cridar. Al cap d'una mil·lèsima de segon va obrir la porta dient: "Ja soc aquí!"

Una mica més i ens hi quedem de l'ensurt. Ens va fer la sensació que s'havia quedat darrere la porta escoltant tot el que dèiem i la por que ens estava fent tenir-lo a casa.

La situació ja era insostenible, així que vam decidir anar a dormir, de dues en dues i cap sola, i el vam deixar a ell al menjador. Sí, a sobre es quedava a dormir al nostre pis. L'endemà el vam fer fora ben ràpid.

Tot va quedar en una altra putada viscuda juntes, però no us enganyem si us diem que, en algun moment de la nit, ja ens imaginàvem el titular de l'endemà: "4 chicas asesinadas en un piso de Barcelona".

EL ZOO DE BARCELONA (*LOW COST*)

Parlant de convidats que voldríem no haver tingut, la fauna de Barcelona pot estar perfectament en aquesta llista.

Què prefereixes, conviure amb un petit ratolinet o compartir cada dos dies el recorregut pel passadís amb una panerola?

El nostre pis, en teoria "d'obra nova", es veu que té més forats que un colador. I més enllà de mosques, mosquits i papallones d'aquestes que no són maques, es veu que quan fa calor o quan fa fred tots els bitxos pugen cap amunt. I ja ens ha quedat clar que per a ells els és molt fàcil entrar a casa nostra.

EN MATES UNA I N'APAREIXEN 5

Diré que se m'han creat pors que no tenia. El primer cop que vam veure una panerola pel pis, alguna que no era pas jo va fer-se la valenta per matar-la.

Però la cosa va començar a tenir menys gràcia el dia que en vam perdre una pel lavabo. Era ja de matinada, i la Nuni es va trobar un bitxo gegant i negre sota la pica, però la molt guarra (la panerola) es va amagar i ja no la vam pas trobar. L'endemà, pensant que la panerola devia haver marxat per allà on va venir, vaig anar a dutxar-me.

Després d'una ràpida comprovació que no hi era, vaig treure'm definitivament del cap que estava compartint espai amb un ésser repugnant d'aquests. No va ser fins que em vaig embolicar amb la tovallola per eixugar-me, que la bèstia *parda* va caure directament als meus peus, que estaven encara dins de la dutxa. Vaig anar al menjador d'un salt, en boles i regalimant, i cridant com una desesperada.

Aquell dia se'm va desbloquejar un nou trauma. Per sort, la Nuni, que és per excel·lència l'aniquiladora de bitxos a casa, va venir per acabar amb la vida de la panerola.

Aquella no va ser l'única panerola que em va dir bon dia.

D'acord que tinc despertars de tota mena, i un matí d'aquests que ni fu ni fa, només sortir per la porta de l'habitació, vaig anar directe a pixar i a rentar-me la cara, quan em vaig trobar amb la guapa de la Sara que tenia una gran notícia de bon dia per mi: "No obris el necesser; he trobat una panerola i l'he tancat a dins."

Us podeu imaginar que, si el matí havia començat ni fu ni fa, va acabar fatal, amb molts crits i sense entendre per què s'havia decidit que no passava res perquè aquella malparida pernoctés al meu necesser.

Una va baixar al carrer de casa i va començar a treure-ho tot fins que la bèstia va sortir corrent.

UN NOU *COMPI* DE PIS

No ens agraden les paneroles, però almenys pots matar-les d'un cop de xancleta. Pitjor va ser el dia que l'Andrea, una amiga de Madrid de la Joana que havia vingut de visita, va veure el que 4 persones no havíem volgut veure ni creure: un petit ratolí de color gris fosc rondant per la cuina. Va sortir a tota hòstia de sota la nevera, en direcció a l'estanteria del menjar buscant fer un ressopó.

Però què collons?! Tan acollidor li havia semblat l'espai en què descansava tranquil·lament el nostre sobre, entre la nevera i la paret? I després d'uns quants dies i d'unes quantes trampes enverinades, vam trobar-lo mort a sota el sofà.

Com us podeu imaginar, aquells dies van ser durs. Qui no s'ha aixecat d'un bot del sofà per la paranoia que té alguna cosa passant-li pel clatell? Doncs això constantment. El pitjor eren els dubtes de si aquell sorollet que senties era que la tenies a sota el teu llit o era simplement una paranoia.

I, tan aviat com vam trobar-la, vam cancel·lar tots els plans que teníem per a aquella tarda i desinfectar el pis, que era ple de caques i altres restes de la nostra petita excompanya.

No us volem crear inseguretats ni tampoc fer d'aquesta lectura un patiment constant, però és que... el tema de les rates... ens acompanya des que vam arribar al pis, però no ens ho volíem creure. I si fos el cas que a casa vostra sentiu uns sorolls similars, arregleu-ho perquè a casa es va patir, i fort. És l'última, o no, però s'ha d'explicar bé.

MALEÏT GOS

Tornant d'un estiu (ens pensem que el segon), l'habitació de l'Ona feia una pudor massa rara, com d'humitat, de Poly Klyn, a les 6 de la matinada. I és clar, anàvem ventilant però aquella olor no marxava pas, i vam trucar els de manteniment perquè vinguessin a mirar què polles passava allà.

Total, oloren i diuen "uy, aquí pasa algo". Bé, sí, ja ho havíem pensat, que alguna cosa passava. "Vamos a mirar en el techo"... EL TECHO... Estava dormint a sota un puto lavabo públic de rates fastigoses. Es veu que hi havia una mena de fibra, que en deien ells. La van començar a estirar i queien les caques com conguitos. L'olor era de tota aquella brossa florida perquè, és clar, també fan pipí, aquests animals del dimoni... Bé... us podeu imaginar el fàstic,

les ganes de vomitar... però és que a sobre el sostre pixat i cagat de rata venia amb premi: UN ESQUELET. Un esquelet de RATA, no de ratolinet, no, d'una bona RATA de més d'un pam. Que havia tingut temps de descompondre's i tot.

En fi, treuen tota la merda, ho netegen, desinfecten, i "tanquen" l'habitació de les rates de manera que en principi no haurien de poder tornar allà. I passen els dies i, mecàgum Déu, el gos de la veïna és que no para de córrer boig, no para.

D'acord, havíem aclarit el tema olors. Però coi, també havíem d'afrontar un problema de sorolls.

Pel que nosaltres teníem entès, la veïna de dalt tenia un gos. De fet, l'havíem vist. Era petit i blanquet; un gos merdós, de puntada de peu (no us ho agafeu personalment si el vostre gos és així), el típic d'aquests que quan caminen amb les ungles fan soroll de teclat. Sempre el sentíem rondar molt, cada dia, sobretot a la zona dels banys i, més concretament, a la nit.

I no sabem ben bé com va anar, però un dia, parlant amb la nostra portera, li vam dir alguna cosa com: "El perro de la vecina de arriba es un poco pesado, ¿no?" Ella va riure i va dir: "¿El perro? Hace mucho que no hay perro."

Ens vam puto cagar pensant en totes les vegades que ens havíem dit a nosaltres mateixes "ah, és el gos", quan realment el que caminava per sobre nostre era una putíssima rata o, més ben dit, una família. Molt dur.

I ara, és que ja *ens suda la polla* la rata, la família o l'ànima del gos que ronda. Confiem que per molt que rasquin no travessaran la paret i entraran al nostre llit. Perquè el soroll de l'espai que queda entre la paret falsa i la paret real no ha marxat mai. Diuen que no saben com ho fan per entrar però sempre ho aconsegueixen. Suposem que s'hi està bé, a Can Putades.

És possible sentir tota la població ratoliniana córrer amunt i avall (que bé que s'ho deuen passar...). I si tens sort, pots presenciar com criden i esgarrapen les parets. Tota una aventura, nen! Això ni al zoo ni a Sigean.

I per acabar de tancar bé el tema ratolins i ratolinots de Barcelona, també va ser una "bonica" experiència quan la Joana va tornar un dia a l'estiu i va trobar-se un bon llamp de rata que just havia fet l'últim dels seus sospirs ratolinians al jardí interior del nostre pis.

Se la va trobar ella, sí, però va fer com si no l'hagués vist per no haver

de gestionar-la, perquè entre quin puto pal i quin puto fàstic... I allà es va quedar.

Va arribar el setembre i amb la tornada a l'escola també va tornar la Berta, propietària de l'habitació amb les millors condicions de la casa: tenir un finestral amb sortida a un malparit pati interior. I es va trobar la sorpresa, el regal de benvinguda: un esquelet de rata momificada podrida al jardinet.

Va enviar una foto pel grup de WhatsApp del pis i el millor van ser les emoticones de sorpresa que va enviar la Joana. "Ecs, quin fàstic", inclús va dir. Va tardar uns mesos en explicar-nos que ella ja se l'havia trobat i va decidir callar com una rata, mai millor dit.

VENEN AMORS A CASA

Amigues adolescents començant la universitat a la gran ciutat lluny de casa seva, què esperes? L'amor i el desamor han estat en moltíssims moments els temes centrals de les nostres converses.

Qui no s'havia imaginat mai anar a la universitat i pensar que coneixeries l'amor de la teva vida a la terrassa del bar? Que et quedaries atrapada a l'ascensor amb el futur amor de la teva vida o, si més no, algú que et fes gràcia i t'aportés sensacions bones i noves...

Nosaltres estudiant no vam pas trobar gaire ningú rellevant, però històries per explicar en tenim un munt, de ben diferents i estranyes alhora. Però sí que compartim una cosa: a cada una de nosaltres ens han cardat hòsties anant i venint. Hem ben plorat pel típic imbècil del nostre poble que ha fet mal a 10 ties que coneixes però vas tu i et creus que amb tu serà diferent i es calmarà. No hem fet cas als consells que ens ha donat la gent que ens estimava i hem perdonat el que havíem assegurat amb la cara ben alta que era imperdonable. Com tothom en aquesta edat, no? De fet, a qualsevol.

I és que hem tingut mil converses parlant del mateix, de la mateixa persona i història, i hem dit més d'una vegada que era l'últim cop, quan en quedaven mínim 3 més. Hem arribat a creure que ens havíem passat el joc de l'amor de tantes experiències que compartíem entre nosaltres. Potser a tu no t'havien cardat el pal, però si a la teva companya sí, acabaves vivint-ho en primera persona i aprenies i creixies amb ella.

Però no toca posar-nos sentimentals i explicar-vos les nostres penes i misèries, ni tampoc posar a parir els nostres exs, encara que més d'un s'ho podria ben merèixer.

Ara bé, parlar del sexe que tenim és una cosa que ens fa moltíssima vergonya però encara fa més vergonya que les teves companyes de pis et sentin follar i haver d'esmorzar amb elles l'endemà.

La proximitat de les habitacions pot fer que la intimitat sigui un bon repte. A més, una problemàtica habitual és la por de fer soroll, ja que les parets primes del pis solen transmetre els sons i les vibracions fàcilment. Això pot causar incomoditat tant per qui té la cita, que se sent dividida entre intentar gaudir de l'experiència i la preocupació de ser sentida per les companyes de pis, com per qui està sola com una mussola intentant fer tots els sorollets possibles intentant no sentir res.

A més, sempre hi ha la por que aparegui una companya de pis que, sense saber-ho, truqui a la porta per algun motiu *random* o arribi a casa més aviat del que és habitual i es pugui generar una situació REALMENT incòmoda.

Així que millor que us expliquem com cony ens ho hem fet per tenir una mínima intimitat quan hem portat tots aquests amors (o no amors), al nostre petit pis amb parets de paper de forn.

AVISA LES COMPANYES, EVITA LES SORPRESES

Primer i molt important, tot i que ja ho hem dit, és fonamental avisar que vens amb alguna persona a casa o que estaràs acompanyat, ja sigui per WhatsApp o amb algun *truquillo* intern.

Nosaltres, per exemple, teníem la tècnica de posar un mitjó al pom de la porta. És la manera de dir: "Ni se t'acudeixi entrar i, si vols, pots abandonar el passadís i anar cap al menjador." Realment aquesta es feia al principi, després ja no tant.

Al començament, era més estrany estar acompanyada, i si no avisaves d'alguna manera, era molt probable que algú t'obrís la porta en un moment complicat (sí, ha passat). També és una bona tècnica la de posar les sabates de l'acompanyant a la porta (i ja sabem que hi ha sabates noves a casa), un got d'aigua o qualsevol altra cosa que se us acudeixi per dir "prohibit el pas".

Una oportunitat perduda

Això ja depèn de cadascú, perquè hem trobat amics que viuen en pisos compartits que fins i tot s'aplaudeixen (es feliciten) i es xoquen la mà quan han tingut sexe amb altres persones, però nosaltres preferim no escoltar una pel·li d'adults protagonitzada per la nostra companya de pis.

Així que optem per no fer el més mínim gemec i segurament acabar fent-ho al terra perquè el llit es deixi de moure i evitar el nyec-nyec. A vegades fins i tot pot ser divertit, morbós, aquesta cosa que no puguin saber què estàs fent. Però la diversió acaba quan és la cinquena vegada que portes el teu *ligue* a casa i esteu altre cop a l'estora.

Però bé, que sempre hem pensat que preferim explicar com ha anat la nit que no pas que ho sàpiguen perquè han sentit tot el repertori. Encara que algun dia o altre és probable que t'acabin sentint, ja sigui perquè el llit rebota contra la paret o perquè t'has deixat la porta oberta del lavabo, o perquè et pensaves que estaves sola.

Una cosa que va molt bé és tenir Amigos, una aplicació de l'iPhone on pots controlar les teves amigues i saber on són en tot moment i així saber si la casa està disponible (sola). Hem de dir que a èpoques hem arribat a tornar-nos una mica boges amb aquesta aplicació, sabies que si algú es desactivava la ubicació era perquè probablement havia anat a casa del seu ex.

FUN FACT d'això és que un dia la Núria tenia companyia sexoafectiva i l'Ona la va avisar que marxava a fer una volta, també acompanyada d'un noi que dormia a casa. I tal qual, va marxar, però va deixar-se el mòbil a casa i això provocà la confusió. Ha marxat o no? Potser al final s'ha quedat a casa... Total, que la que es va quedar sola (que passa realment poc i és una gran sort) es va pensar que l'havia enredat i que, jo què sé, li devia haver fet pal i al final no havia marxat. Així que es va posar a tenir sexe en silenci. Li va quedar una bona cara d'estúpida quan va arribar l'Ona de la passejada nocturna i ella es va adonar que realment sí que estava sola a casa i que havia perdut una bona oportunitat.

EM VULL FONDRE

Encara que sí que tenim moltíssima confiança i sempre ens ho hem explicat gairebé tot, podríem dir que el sexe a casa nostra no ha estat un tema tabú però tampoc ha set com explicar el que has menjat per dinar.

Tot i això, també hem tingut els nostres pitjors moments de vergonya maximíssima.

del moment sense pensar que algú podia estar sentint-nos, però LOL... encara menys que algú pogués estar identificant què ens dèiem.

Efectivament, les nenes em van sentir dir alguna cosa (terrible moment vergonyós). El pitjor va ser que posteriorment van ben riure i ho comentaven entre elles. "Però que és una cosa bona, eh?, que no passa res", deien, i es partien el cul. Òbviament no vaig voler saber mai què m'havien sentit dir, ni ho voldré saber MAI.

Que em tallin les orelles

Personalment, sempre he sigut de cagar amb la porta oberta de bat a bat. La veritat és que em sento molt més còmoda, però ERROR FATAL que això passi en una cita. Si ja se sent tot amb les portes tancades, ja us ho podeu imaginar...

Aquell dia em vaig dutxar acompanyada del noi que m'agradava i, allò que una cosa porta a l'altra, ens vam posar a intentar gaudir

Nuni, no passa res, però...

La Núria és la que ho passa més malament parlant de temes de sexe. I encara més si parlem del seu. Les nostres habitacions estan davant per davant separades per un passadís, però els nostres llits estan posats en la mateixa direcció, amb el cap a la paret de la cuina-menjador (i ja us hem avisat que les nostres parets són paper de forn).

73

Un dia vaig anar a dormir després que hi anés ella (que estava acompanyada), era tard, i allò que tens uns d'aquells dies que el teu cap decideix que el millor que pots fer és posar-te a pensar en les poques hores que dormiràs.

No puc dormir. Ho intento una miqueta més, que si m'adormo d'aquí a 5 minuts dormiré gairebé 6 hores, i demà al matí he d'anar a la uni i fer (procedeix a recitar una llista de *quehasseres* més llarga que la cua que hi ha a correus el dia que JUST has d'enviar un paquet). Va, que si m'adormo d'aquí mitja hora només gaudiré de 5 hores i mitja de son. Però *uala*, que fort aquell dia que vaig passar tanta vergonya quan em va sortir un gall intervenint a classe i merda, he fet una falta d'ortografia a l'Instastory que he penjat avui. I així repetidament, saltant de pensament en pensament.

Tanco els ulls, faig respiracions. Ara envio l'oxigen als turmells, ara envio l'oxigen a les cames, ara als genolls... pum pum pum. Merda, què polles. Pum pum pum, no, merda, impossible que els veïns facin obres a les dues de la matinada. Pf... és la Núria. Està follant. Pum pum pum. Sí, efectivament està follant. Putada. *Bueno*, posa't una meditació guiada, no passa res. Pum pum pum. Però d'on collons ve aquest soroll??? Sí, del cap, de la paret. Rebota. Putada. Separa el llit, respira, dorm.

L'endemà, només pensant que no volia tornar-me a trobar en aquesta situació, vaig decidir comentar-l'hi a la Núria des del respecte i calma màxima, només perquè en fos conscient que el llit picava la paret i traslladava les vibracions allà on jo hi tenia el cap.

— Núria, no passa res, de veritat, no passa res, d'acord? Però ahir...

— Nooooo, Ona!

— Sí, ahir... em rebotava el cap mentre follaves, però no passa res, de veritat. T'ho dic perquè potser aniria millor separar una mica el llit de la paret.

Un *fail* total

Però deixant de banda els nostres amors, que ens han fet viure moments tan vergonyosos entre les quatre parets de Can Putades, també han passat pel pis cites bastant més banals.

Com el dia que la Joana, quan encara no vivia amb nosaltres

oficiament, va conèixer un noi per una app de d'aquestes de lligar. Ja havien tingut una primera cita prou correcta i el nano semblava una persona ben normal, fins que un dia van decidir que vindrien a Can Putades i ell portaria uns amics. Una cita grupal? LOL, no podia anar bé de cap manera.

De cop, el nen era la cosa més rara i estranya del món, i els seus amics, entre tots, no sumaven ni 3 neurones. L'Ona i la Nuni, com a bones amigues que són, ja havien ben notat que de cop a la Joana no li agradava gens la seva cita. Sabeu allò que passa del pal que algú et comença a caure malament? Doncs elles es miraven, ho comentaven i reien.

La Joana, intentant mantenir el posat, va escriure pel grup del pis un missatge de "nenes, si us plau, no em feu riure". La resposta, també per WhatsApp, vacil·lant: "però si no estàs rient...". Ara no fa gràcia, però en aquell moment la Joana va necessitar aixecar-se per anar al lavabo a riure (no podia més). I quan, obrint la porta del menjador, es va adonar que estava anant a riure al lavabo, es va partir el cul davant de la mirada atònita d'aquells 3 personatges.

La nit va acabar... buscant mil excuses per cardar-los fora. I quan

finalment van fer el fet de "va, marxem" diuen: "Però abans us volem ensenyar una cançó molt intensa que ens va posar un dia un company nostre a la muntanya i ens va inspirar molt." Amb aquestes que els tres personatges s'agafen i comencen a cantar CABALLO HOMOSEXUAL DE LAS MONTAÑAS.

Per si us ho preguntàveu: no, la Joana i aquest noi no es van tornar a veure mai més. Potser un dels motius va ser la discussió que es va crear quan aquella colla de nens de ciutat ens va començar a dir que havien anat més a la muntanya que nosaltres. Atenció al motiu: havien fet un cicle d'esports. O potser va ser perquè portàvem una estona partint-nos el cul a la seva cara o potser no van tornar a quedar perquè quan anaven en cotxe direcció al pis de la Joana (recordem que no vivia a Can Putades i, en teoria, aquella nit dormien junts), ella va fer-lo marxar a casa amb els seus amics dient "ai, tan bé que dormiràs al teu llit, si jo fos tu demà voldria aixecar-me a casa meu". La van deixar al seu pis i la Joana va agafar una moto elèctrica per tornar a Can Putades amb nosaltres.

I no hem sabut res més d'aquest bon noi, però vaja, que des d'aquí esperem que li estigui anant tot bé.

ELS PIXAPINS I EL CATALÀ

Tant de bo no fos així, però des que vam arribar a Barcelona, l'any 2019, que dia a dia és un constant exercici de mantenir el català.

Quan diem que no enteníem certes coses d'aquesta gran ciutat, podríem dir perfectament que continuem sense acabar d'entendre-les gaire, però ens hi hem ben acostumat i normalitzat perquè "quin remei".

Una de les coses que ens va sorprendre més no és la temperatura enganxifosa que provoca que els cabells et quedin bruts com si el temps passés a x4 i hagis suat una marató, sinó la sensació de temperatura que té la gent. Com pot ser que amb 20 graus la gent vagi amb jaqueta de plomes? Encara no ho entenem.

Ens despertàvem per anar a la universitat, miràvem el temps que feia per la finestra, com anava vestida la gent i ens vestíem d'acord com crèiem que estaríem bé. Era sortir de casa i començar a treure't capes com si fossis una ceba, per arribar al metro i no poder-te'n treure més per la multa de nudisme que t'haurien de posar.

L'altra cosa és la necessitat de posar-se en una cua del carrer. Com més gent hi ha millor. És ben igual per què sigui la cua, tant si te'n vas a l'escorxador com si et regalen un viatge a Hawaii, que la penya de Barcelona s'hi cardarà.

I no parlem dels coloms domesticats d'aquesta gran ciutat, que una mica més i et fan fora de les terrasses dels bars, ells a tu, i que amb els *maneios* que els hi fas per espantar-los només aconsegueixes rendir-te i que t'espantin ells a tu.

I poc se'n parla també del caminar de la gent. Sempre sembla que s'estigui acabant al món i "tonto l'últim". Els músics de carrer han aconseguit el poder de ser transparents perquè literalment ningú els mira ni els hi dedica un trist segon de la seva "important" vida. Al metro ningú et regalarà un somriure i tindràs sort si no surts amb quatre males cares si estàs parlant amb la teva amiga sense llengua de signes.

En fi, Barcelona té uns codis que al poble són tot al contrari. Aquí el que és bona educació allà és ser un puto maleducat i això ens ha costat molt de comprendre, però hem acabat posant-nos dins aquest vagó per no morir en l'intent de ser unes nenes "de ciutat".

Sortides de la bombolla catalaníssima de la vall del Llierca, la zona on hem crescut de la Garrotxa, el que més ens va sobtar des d'un bon principi va ser la dificultat de poder fer quelcom tan senzill com viure el dia a dia en la nostra llengua en el nostre país. Nosaltres, però, constants i no defallim. Ara els caixers del supermercat de davant de casa almenys ens diuen adeu i merci, per molt que ens segueixin atenent en castellà.

BILINGÜE PER A DEPÈN DE QUI PREGUNTI

Potser per a la gent que ha crescut a la ciutat no és una cosa estranya, però a nosaltres, quan vam arribar a la gran ciutat, ens va sorprendre moltíssim la mà de gent que pot arribar-se a dirigir a tu en castellà només en un dia per Barcelona. I al principi ens costava, boig, que de cop et parlin en un altre idioma diferent del que fas servir per pensar doncs, si més no, xoca.

Ja us ho podeu imaginar... Els primers cafès que vam haver de demanar en llengua invasora, descobrir la diferència entre *guisante* i *garbanzo*, haver d'intervenir en una classe de la universitat en aquesta llengua, amb els nervis que ja suposa haver d'intervenir-hi, o haver de fer una presentació oral en castellà... "bien bien que cuesta".

Com el dia que la Núria estava ben refredada i li queien els mocs. I com que estava amb un grup de gent que entre ells parlaven castellà, es va atrevir a preguntar: "¿Alguien tiene un mocador?" Encara riuen ara.

O el primer cop que l'Ona va demanar una pizza per telèfon com una experiència d'un altre món. Als nostres pobles no existia aquesta cosa del menjar a domicili, ens semblava fortíssim trucar i que et portessin el sopar a casa. Durant els primers anys teníem una tradició que era sopar *sushi* els diumenges, només perquè ens flipava el fet que podíem fer-ho.

Però el pitjor de demanar a domicili, que al principi ho fèiem sempre per telèfon, ja que és més senzill i més directe que una app, i també més de poble, era quan et demanaven el teu número de mòbil. I el mateix problema quan et portaven un paquet i havies de dir el DNI. Dir els números en castellà és molt fàcil si ho fas cantant de l'1 al 10, però molt difícil si són xifres de més de dues unitats (i si no, proveu-ho). "Treceavo"? "Septuagésimo octavo" quin collons de número és? I més et val que el teu telèfon no tingui gaires *sincos* seguits de *seises*, perquè ànims amb el *seseo*.

No fa massa vam anar a comprar-nos un mòbil i ens va atendre una noia que es notava que no parlava habitualment el català. A l'hora de dir-li el número de compte per fer el pagament la Joana va decidir lletrejar-li els números en castellà, pensant que li seria més fàcil.

— Pobrecita, te cuesta hablar en castellano. M'ho pots dir en català, eh? —va dir rient.

Es va prejutjar erròniament que no ho entendria, per posar-li la vida més fàcil. I ella va deixar clar que, per molts anys que passin, dir els números en castellà sempre costa.

I és clar que amb els anys hem millorat, però prou perquè al nostre CV hi digui "nivell natiu" de castellà? Deixem la resposta per a vosaltres.

PARAULES DE LA GARROTXA QUE PROBABLEMENT NO SÀPIGUES

A més, una altra realitat que ens va xocar moltíssim va ser que hi havia moltes paraules que nosaltres fèiem servir en el nostre dia a dia que gent de la ciutat catalana no entenia. Sí, les nostres estimades paraules de la Garrotxa, que tanta teca ens han donat per crear contingut a xarxes socials tots aquests anys.

Per exemple, no sabíem gens que a Barcelona no es feia servir l'expressió *anar a fer el toc*. Els nostres amics de la universitat al principi sempre ens deien "quèèèè?". I nosaltres no enteníem com s'ho feien per viure sense aquesta frase, sempre havent d'especificar "anem a fer un cafè, anem a prendre una cervesa".

Una altra paraula que tampoc no ens entenien quan dèiem era *drum*, com nosaltres li diem al tabac de liar. La gent es pensava que parlàvem d'un kebab.

També hem tingut problemes amb el verb *picar* i el verb *pegar*. Per nosaltres hostiar algú és *picar-lo*, mentre la gent de Barcelona diu *pegar-lo*. I pels xaves *picar* és tocar el timbre, "t'he picat" vol dir "t'he tocat el timbre". Encara ens xoca ara.

"Qui no carda a Olot no carda enlloc" és una frase molt típica de la nostra estimada Garrotxa. La veritat és que nosaltres cardem el verb *cardar* a tot arreu, i pot significar el que ens doni la gana en aquell moment. Què cardes? (què fas?), he quedat ben cardat (ja m'han fet el *lio*), no cardis que feu un pòdcast (no em diguis que feu un pòdcast), m'han cardat el pal (m'han posat les banyes). Senzillament el nostre verb preferit. Ara els nostres amics ja ens entenen, però va costar.

Una altra expressió que no tenen gens per mà a la *city* és la de "na tou", que fem servir per dir "anar borratxo". Sí, heu llegit bé. És NA tou, no pas ANAR tou. Bàsicament ho diem per quan no t'hi veus de cap ull, vas ben girat o més sinònims, suposem que ja ho heu entès.

Probablement per la proximitat (no gens agradable si vius a un poble turístic com és Besalú) de la Garrotxa amb els francesos, fem servir molt el "poca" i el "pas". "Poca sé pas què m'estàs dient". El català és tan bonic... però quan ho fem servir *poca* ens entén ningú. Ens miren com "què xerren aquestes?".

També és veritat que a vegades pot ser difícil entendre'ns, ja que ens mengem bastantes lletres quan parlem. Per exemple, jo no vaig enlloc, ni faig allò ni he de fer allò altre. Jo vai allà, fai allò i hai de fer allò altre. Diem "e" en comptes de "és".

Però no tot és reduir, perquè també afegim la T al final dels verbs: bàixut, pújut, tórnut.

Un dia en un bar una pobra cambrera va mirar la Joana amb cara d'espant quan li va dir "te pàgut a tu?". És veritat que dit així una mica ràpid pot ser complicat, *tepagutatu*, ja que pot semblar una barreja entre francès i portuguès. I un altre intent, però amb un somriure: "te pàgut a tu?", però no hi va haver manera. "Em cobres?", va acabar dient, mentre les seves amigues de la uni es pixaven de riure.

I també tenim moltes més paraules pròpies que a dia d'avui ja ens ha quedat clar que fora dels confins garrotxins no entén ni Déu: *quecs* per dir vambes, *escabeiada* per dir despentinada o *xefla* per parlar d'un dinar que s'allarga.

1 **No iniciaràs cap conversa en una altra llengua per por que no t'entenguin.** Tant és que et sembli que és provinent d'un altre país, no pots fer la racistada de parlar-li en castellà perquè "segur que no m'entén". Potser ha nascut aquí, o bé ha après català o en vol aprendre. Si necessita que li canviïs d'idioma per entendre-us, ja t'ho farà saber.

2 **Intentaràs mantenir el català el màxim que puguis.** Si dius una cosa en català i te la responen en castellà, vol dir que la teva llengua ja l'han entès per molt que no puguin o no vulguin parlar-la.

3 **No critiquis ni jutgis a qui no parli en català com ho feia Pompeu Fabra.** El més important és parlar-lo. A partir d'aquí, ajuda a parlar-lo bé, des del respecte i l'empatia. No renyis a qui diu "bueno" o "en plan"; hem d'entendre que les persones que parlem més d'un idioma podem tenir canvis de codi constants, ja que és el més normal del món. Tot i això...

4 **Intenta parlar tan bé com puguis.** Sigues exigent i rigorós amb tu mateix. A poc a poc veuràs com vas deixant de banda els castellanismes.

5 **Canvia la configuració del mòbil i tot el que puguis per tal de tenir el català tan present com sigui possible.** Normalitza la teva llengua en el teu dia a dia. Per molt que existeixi des de les Homilies d'Organyà, no és ni de bon tros una llengua "que fa vell i carca"; el català també és modern, sexi i mola.

ELS 10 MANAMENTS
PER MANTENIR EL CATALÀ

6 No anar a restaurants que no tinguin la carta en català. Si ets a Catalunya i un restaurant no té la carta en la nostra llengua, només pot significar una cosa: no respecten ni la teva cultura, ni la teva llengua ni a tu.

7 Si no vols veure una pel·lícula en V.O. busca la seva traducció al català abans que en castellà. És una manera que les grans empreses, com per exemple Netflix o HBO, vegin que hi ha catalans que volem veure pel·lícules i sèries en la nostra llengua.

8 No diràs mai la frase "no m'agrada la música catalana". Que no t'agradin les cançons de pop-rock en català o qualsevol que hi aparegui una trompeta i un "lailolailo" no significa que no hi hagi cap cançó de cap estil musical que no pugui agradar-te.

9 Estima la teva cultura. Llegeix, canta i escriu en català. Ves a les festes majors del teu poble. Interessa't per la història que t'envolta i tingues-la sempre present. La cultura és el que fa que siguis qui ets, és la teva identitat, no vulguis perdre-la.

10 Anima a tothom a parlar en català. Sigues activista, que no et cardi pal explicar la importància de mantenir la llengua, entre tots podrem tornar a revifar-la.

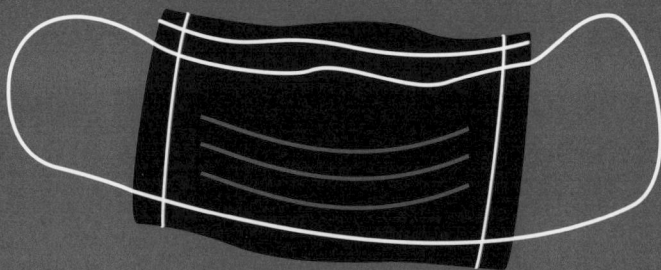

LA VIDA AMB MAS-CARETES

Només havíem passat un trimestre a Barcelona però ens semblava portar 4 anys a la ciutat, i no per haver-nos convertit en unes expertes en el funcionament del transport públic, sinó per totes les experiències i anècdotes per explicar que ja teníem.

Per nosaltres tot eren noves vivències. Però a part d'això, aquell octubre de 2019 va estar protagonitzat per les protestes contra la sentència al procés independentista català a l'aeroport, passeig de Gràcia, Urquinaona, les vagues a la universitat i un sentiment de rebel·lió que no deixava que fessis res més que preocupar-te per què deien els grups de Telegram. Hem de dir que va ser el millor *freetour* que podíem haver fet per conèixer la ciutat.

El febrer de 2020, amb totes les amigues de la Garrotxa, vam fer un viatge a Fuerteventura, en el qual sempre recordem que vam estar allà en el mateix moment que hi havia el primer cas de covid en una illa propera.

En aquell moment per res del món ens imaginàvem com acabaria tot. Per sort, el vam gaudir *a tope* sense saber que quan tornaríem a casa

només sentiríem parlar de tot això i algunes persones ja anirien amb mascareta al metro… i passen els dies i la universitat està en *stand by*, la covid sembla cada dia una cosa més seriosa, no sabíem què faríem amb els exàmens que teníem algunes al cap d'uns dies i els nostres pares ens anaven dient que tornéssim a casa.

Feia uns dies que havíem organitzat una festa amb uns amics de Torelló que havíem fet a Barcelona, i no ens plantejàvem deixar de fer-la. Va ser quan de sobte alguns vam rebre un correu electrònic dient que NO faríem exàmens. I també que començava el procés de confinament.

No ens podíem creure que seria l'última festa abans de tancar-nos, i ben bé, l'última en molt temps.

El dia 13 de març ens vam despertar amb una ressaca monumental, havent de deixar-ho tot bé per quan tornéssim a casa al cap de 15 dies de confinament.

Aquella broma de la covid que semblava al principi, va acabar fent-nos estar pagant un pis a Barcelona sense nosaltres poder-lo gaudir, perdre qualitat de vida i el més important: veure com s'emportava

familiars i éssers estimats, sense
poder-te'n acomiadar.

Va ser una època molt dura però
també ens va fer connectar més
amb tota la gent que estimem.

I no va ser fins al setembre de 2020
que vam tornar a trepitjar la ciutat.
Una ciutat tancada i buida, en una
època de desescalada, fase 1, 2
o 3, onades i franges horàries on
els bars obrien de 9 a 12 del matí,
els avis podien sortir a caminar al
vespre i totes aquelles mesures que
canviaven constantment.

Però el nostre pis estava amb més
vida que mai i històries per cons-
truir.

FASE 2: SER UN GRUP BOMBOLLA

PRIMER I ÚLTIM AVÍS

La relació amb la veïna de dalt mai ha set bona. Al principi semblava que era de conya, però va arribar un dia que la cosa es va començar a posar seriosa.

Segur que a classe heu tingut algun cop el típic company que li deia al professor que hi havia deures i que s'oferia voluntari per apuntar el nom a la pissarra dels que es portaven malament mentre la professora anava a fer fotocòpies. Doncs la veïna del 1r 2a és aquest tipus de persona: una xivata. I a qui li cauen bé els xivatos? Exacte, a NINGÚ.

Abans de tancar-nos, portàvem una època que sortíem de festa cada dos per tres. Així que, fartes d'esperar a poder tornar a fer-ho, un dia vam decidir que ens la muntaríem soles a casa.

Primer vam començar posant-nos totes cinc auriculars i fent una discoteca silenciosa escoltant totes alhora la mateixa llista de reproducció.

La dinàmica és aparentment senzilla: cadascú amb els seus auriculars i "a la de tres posem *play*". Però això de quadrar els *spotifys* de tothom no és tan fàcil com sembla. Quan per fi ho vam aconseguir, vam començar a ballar per casa *de tranquis* i cantàvem cançons de tot tipus, des de "Vino tinto" d'Estopa fins a "Indapanden" de la Pawn Gang i la Bad Gyal.

Però la cosa se'ns en va anar de les mans quan va sonar "Como Camarón", perquè l'eufòria del moment ens va fer treure els auriculars. Fartes de sentir que cantàvem soles, vam decidir connectar el Youtube a la televisió a través del meravellós cable HDMI i vam acabar ballant i cantant a ple pulmó tots els temes de la nostra sèrie preferida, *Física o química*, per sobre la taula, les cadires, el sofà o qualsevol superfície que aguantés el nostre pes.

De sobte, les llums de discoteca ens van acabar enlluernant massa i vam dir: ui ui, parem un moment. Però va resultar que no eren flaixos divertits, sinó les llums blaves de tres patrulles de Mossos sota casa, buscant les culpables de les diverses denúncies que havien rebut en aquell mateix carrer.

Ningú esperava que estant en una ciutat tan gran on hi poden haver conflictes més importants, 6 mossos d'esquadra decidissin visitar Can Putades aquella nit, però sí. Ho vam confirmar quan la nostra "estimada" veïna va cridar "¡es el principal segunda!". Pot ser tan puta, la tia, que s'ha xivat?! Mig minut més tard els teníem a la porta. Suposem que la senyora també va decidir obrir-los la porta del portal.

Ding-dong. Ningú volia anar a obrir la porta. Totes anàvem bastant passades de voltes, però totes les mirades van anar cap a l'Ona, *en plan*: "Ets la que va més serena per tenir una conversa amb la policia." I és que tal va ser l'espant que fins i tot algú es va amagar sota el llit. Ni que estiguéssim fent res il·legalíssim!

Obrim. L'argument va ser que pensàvem que com que no eren ni les 12 podíem fer una mica de soroll. Però això no va semblar convence'ls gens i el poli dolent va començar a cridar: "¿Cuánta gente hay dentro? ¡Estáis haciendo una fiesta ilegal! ¡Solo puedes estar con tu burbuja!". I l'Ona els deia: "No, no, somos 5, ¡las que vivimos en este piso! Somos una burbuja!".

L'home no sabia si riure o multar-nos però sort que a la vida sempre hi ha gent bona (o gairebé sempre) i el poli bo ens va dir que havíem gastat ja l'oportunitat, que a la pròxima ens multarien. Nosaltres cagades vam assentir, òbviament. SÍ, SENYOR AGENT; DISCULPA, SENYOR AGENT.

El poli dolent va afegir: "vale, vale, pues que sea la última vez, que os han grabado hasta los de enfrente". Com que "los de enfrente"!? Un

detallet: el nostre carrer el separen 4 carrils. Ens va semblar fortíssim que els de davant ens haguessin gravat. Suposem que a cada bloc hi ha un policia de balcó.

A dia d'avui ens encantaria tenir el vídeo per veure l'espectacle que els hi vam oferir, que sincerament, amb l'avorriment que tenia tothom en aquella època, segur que els vam fer passar una bona estona. Aquesta va ser de les últimes nits fent festes memorables a casa. Una llàstima.

JUGANT LA GENT NO S'ENTÉN

El vostre grup d'amics també és massa fan dels jocs de taula? Nosaltres ho som, i molt.

Creiem que no se'ns nota gaire, però som molt competitives. De fet, algun cop ens hem preguntat si realment juguem pel joc en si o per l'adrenalina que ens dona competir entre nosaltres. L'Ona i la Núria són les més competitives, per excel·lència, tant que molts cops competeixen sense ni adonar-se'n: per endevinar quant ha valgut el dinar o la compra del súper, per saber quant tardarem en arribar a un lloc, quin dia arribarem a 100K seguidors, qui acabarà abans de maquillar-se, etc.

Una de les coses que han fet que avui siguem on som, fent el que fem, és pel nostre tarannà competitiu.

Nosaltres som les típiques persones que, quan trobem alguna cosa que ens agrada, podem passar-nos tranquil·lament hores i dies fent-ho, i amb els jocs ens ha passat sempre el mateix fins que l'hem avorrit i hem hagut de canviar.

A la Garrotxa feia un temps que havíem après a jugar a pòquer i evidentment volíem traslladar-ho a casa. Així que vam decidir comprar les fitxes i la típica estoreta verda de sobretaula. I és clar, ho vam comprar per aquell lloc on la gent ven les coses que ja no vol a un preu molt raonable i que si t'hi esforces encara te l'abaixen més (sí, el nostre estimat WallapEp).

Ens havien dit que al pòquer t'hi has de jugar alguna cosa, però en aquella època no podíem oferir gaire més que una diadema i una goma de cabells. Així que vam decidir jugar 1 € per persona: en cas de guanyar, podies anar al cinema el dia de l'espectador o fer un parell de cafès amb gel per emportar.

Amb el pòquer no hi havia problema: era un joc tranquil i amb les normes clares, música de casino de fons, llauna de cervesa i mirades per sobre les ulleres de sol.

El joc amb el que sí que hem tingut problemes greus d'amistat ha estat el RUMMY. És el nostre joc preferit, sí, el de totes, i això comporta que el voler guanyar encara augmenti més la tensió. Les discussions havien arribat a durar tres dies: que si no puc jugar amb tu perquè estàs massa estona pensant (això va comportar jugar amb un cronòmetre), que si desfàs tot el taulell i després no recordes què hi havia posat a sobre, que si t'inventes les normes, etc. A part, que sabíem un fotimer de jocs: el capitalista, la puta, el quadrat, la botifarra, etc.

Vam passar una època que cada tarda érem al bar jugant a cartes fins les tantes. Un dilluns, un dimarts, un dimecres... a Barcelona no passa això que tanquin a les 18 h entre setmana. Després, per la covid, ens els van tancar (que ja va anar bé perquè ben bé que el sou que teníem ens permetia una mica de bar, menjar bàsic i poc més). Per aquest motiu, ens vam haver de muntar el bar a casa. Litrones de setanta cèntims i nar-hi.

Per això, al principi de fer vídeos, se'ns reconeixia per les trenta mil ampolles de litrona de fons (sí, era la decoració que vam decidir per a casa nostra). En aquell moment ens semblava xulíssima, ja que combinava amb els tocs de vermell i blanc de tot el pis. Sabeu de quina marca de cerveses catalana estem parlant, no?

LES DALTON

Una altra cosa que fèiem quan ens avorríem durant el confinament era molestar una miqueta els veïns amb els que no ens portàvem bé. Fèiem apostes i a qui perdia li tocava anar a robar l'estora de fora la porta de qui fos la víctima. Havia d'executar la missió sense que ningú se n'adonés i tornar a casa amb la recompensa per partir-nos el cul.

Es podria dir que ens vam enganxar al joc de "no hi ha ovaris a...", o "de l'1 al què fas tal", seguit del veritat o prova. Però, és clar, ja se sap que en aquests jocs la prova no serà pas haver de fer la roda o el pi.

Vam acabar tenint una estoreta verd llima amb unes vaques simpatiquíssimes dibuixades i una de marró que deia alguna broma *cutre*

tipus "Antes de entrar sonríe, bienvenidos pero no por mucho rato. Keep calm & love dogs".

Un cop les teníem no podíem fer-les servir, és clar, i per això les guardàvem ben amagades a "el niño", el nom que li vam posar a l'espai que hi ha just entre el terra i l'estructura de la nostra cuina (un bon forat per amagar el que calgués).

I no som pas gaire més robadores que això. Però si ens coneixeu, sabreu que a casa nostra ens encanten les plantes i, és clar, tenim l'excusa d'haver-nos criat entre natura. I hòstia, tan cares que arriben a ser les plantes i les flors, què? Alguna cosa havíem de fer.

Així que no volem que us soprengui explicar-vos que vam tenir durant bastant de temps una planta (no direm l'espècie, no sigui cas que els amos es puguin sentir identificats) que era més alta que la majoria de nosaltres. Realment la vam acollir perquè la vèiem infeliç allà on era.

A veure, que també ha caigut algun recollidor i alguna escombra que semblaven abandonats al replà de davant de casa nostra (que 100% que no eren de la portera de l'edifici, la qual acabava d'escombrar tots els espais comuns), però ja se sap que aquestes coses es trenquen fàcilment i quan ets estudiant no et gastaràs diners en això si pots gastar-ho en birres. I també algun senyal de trànsit (quin pis d'estudiants no ha estat mai decorat per algun senyal de carrer?). També un parell de rajoles d'aquestes de la flor de Barcelona agafades com a matèria primera d'alguna obra. Tampoc n'hi ha per a tant.

I si al capdavall és veritat, podríem dir que tot això ha prescrit i deixarem el passat en una caixa per viure el present, com diu la nostra psicòloga de confiança. Diuen que els joves ens hem d'espavilar, no?

L'ESTIMES O LA DEIXES? LA CASA, DIEM...

Una de les aficions preferides de la Núria i l'Ona des que vivim a Can Putades ha estat canviar la distribució del pis. No perquè no ens agradés la que teníem, sinó perquè ens agradava canviar una mica el rotllo i les vibres del pis. Era divertit veure de quines mil maneres el podíem regirar.

Però això no se'ns acudia pas a la tarda, ens venia el *venasso* a la una de la matinada, mentre la Laila i la Berta dormien (ja que anàvem de matins i nosaltres de tardes o migdies xd).

Per tant, havíem de fer una remodelació en silenci màxim. Ens ho passàvem massa bé. Acabàvem a les tantes i dèiem "UAH, INCREÏBLE", i l'endemà les nenes ens deien: "ja podeu tornar-ho a deixar tal com estava abans". Mai vam entendre per què no els agradava gens, però mira, callàvem i ho tornàvem a col·locar.

Aquesta història es va repetir tranquil·lament quatre vegades en un any, i no hi va haver manera de canviar mai la distribució. Evidentment vam aprendre la lliçó i mai més vam fer aquestes coses de matinada.

Ara que ja no hi són, totes tres compartim aquesta afició i potser hem canviat els mobles de lloc cada trimestre. Aquest últim estiu vam prendre una decisió que ens va posar a totes de molt bon humor: redistribuir el menjador perquè fos un menjador d'estiu. Simplement vam passar de tenir els sofàs a la paret a posar-los sota la finestra. Ens ha fet sentir gairebé que teníem un pis nou. Recomanem molt fort fer-ho.

ESTUDIES O TREBALLES?

Potser no ens ha costat això de compartir tantes coses perquè ho portem fent des del dia 1. Sempre hem treballat juntes als bars els caps de setmana, hem tornat al nostre pis juntes els dilluns, hem anat a caminar, al gimnàs, de festa, a fer el cafè...

Però amb el tema feines, no sabem com ens les hem empescat per treballar gairebé sempre al mateix lloc. Realment ens ho hem acabat trobant, no és que hàgim anat com siameses al mateix lloc a buscar feina, és que la vida ens hi ha anat portant.

I hem de dir que d'experiències n'hem tingut de bones, de dolentes i de pitjors, així que ara us explicarem les que hem fet (juntes o separades), les ordenarem segons com de moreno et quedes i també quanta pasta guanyes (recomanar-les o desrecomanar-les).

MORENO BANYADOR

Alguns estius vam estar fent de monitores a la piscina municipal del nostre poble. Com que fèiem natació, després de l'entrenament ens quedàvem al campus *currant* i també als cursets en què ensenyàvem a nedar als més petits. És una feina, a més, que mai ens cansarem de recomanar-la als joves que busquen la millor feina d'estiu. Perquè estàs tot el sant dia al solet i en remull, i a sobre, et poses moreno (en el cas de ser una persona com la Joana, és clar, perquè si ets tan blanc com l'Ona o la Núria simplement trenques el blanc nuclear, però ja és un què, no?).

"QUÈ POSAREM?" (AMB UN SOMRIURE FORÇAT)

A mesura que vam anar creixent i volíem estalviar per no haver de treballar tant durant el curs, vèiem que necessitàvem un altre tipus de feina on féssim més calés. I com la majoria deveu saber, la més fàcil d'aconseguir sense tenir gaire experiència en res és la de treballar cada dia en un bar.

I ho vam fer, i juntes. Treballàvem de 12 a 5 i de 8 a tancar. Després sortíem de festa i l'endemà hi tornàvem.

En aquest cas et quedes amb el moreno paleta, perquè et toca el sol a la terrassa, com a la Joana o l'Ona, que feien de cambreres. L'altra opció és posar-te vermella, però no pel sol sinó per l'escalfor dels fogons, com li passava a la Núria.

Per altra banda aprens a agafar-te bé la ressaca i tirar endavant. És en aquell moment on veus com de forts som els humans i que queixar-te de ressaca només ho fas quan pots estar-te estirat al sofà tot el dia.

Que per cert, esperem que siguis simpàtic amb els cambrers i diguis bon dia abans de demanar el teu cafè i gràcies quan te'l porta, que tampoc cal ser maleducat. I no es diu "nena" ni es xista, perquè no som animals.

(*redflag*: tractar malament els cambrers)

QUI NO VOL TREBALLAR REPOSANT?

Si la teva intenció és comprar un vol per anar-te'n a l'altra punta del món i quedar-te escarxofat sota la palmera el màxim de mesos que sigui possible, la teva feina és ser reposador en un supermercat. El nom sempre ens ha cardat riure perquè això de reposar no és precisament el que faràs tu. Es tracta d'anar a passar la nit en un supermercat, desempaquetant i col·locant les coses al seu lloc. És a dir, la feina és reposar de tornar a posar, no reposar de descansar.

És aparentment tranquil·la i entretinguda si no ets *gafe* i no trenques pots de melmelada. La veritat és que cobres de puta mare i, si tens amics enxixats, els podràs enganxar a les quatre de la matinada encara de festa. Morè no t'hi quedaràs, ja que dormiràs de dia i treballaràs de nit, però ho recuperaràs tot bevent una pinya colada en una platja paradisíaca.

PUTOS PIJOS

Després d'haver treballat 4 estius seguits a l'hostaleria, fent horari partit de dimarts a diumenge, vaig decidir que n'hi havia hagut prou i que buscaria una cosa diferent que em deixés més "lliure" per gaudir els dos millors mesos de l'any. No em pregunteu com, però vaig creure que treballar en un establiment a l'aire lliure servint copes a rics borratxos era la millor opció i que es diferenciava moltíssim del que havia fet fins aquell moment. Sí, és pràcticament el mateix tipus de feina.

He de dir que vaig acabar passant-m'ho bé. El millor eren els companys de feina, que de tant passar temps junts, en algun moment et creies que serien els teus amics per a tota la vida, i que al setembre començàvem la rutina d'enviar-nos missatges mensuals d'"'ens hem de veure sí o sí, ja'" i mai acabava passant.

El fet de servir a nens de 20 anys, més rics que tota la teva família i la de les teves amigues juntes, no fa gaire gràcia, no sé si per la necessitat que tenen de demostrar-te que tenen tot el dineral del món o per la supèrbia i maleducació amb què parlen i tracten. Tot i així, m'ho vaig acabar agafant com un experiment social i, com a bona antropòloga, vaig fer una mica de treball de camp per si algun dia em fa falta.

El millor va ser l'última setmana de feina. Un d'aquests últims dies (estava a rebentar i era igual que plogués o nevés, que la gent seguia de festa), jo ja ben cansada d'aguantar borratxos, em va venir un noi a demanar-me un combinat. L'hi vaig fer i a l'hora de pagar em va donar un bitllet de 100 €. OK, estava envoltada de rics, però cal pagar un *roncola* amb un bitllet de 100 €? A mi que ja em sortia fum del cap pensant en el canvi que li havia de donar, toco el bitllet i dic: "tu, això no e pa de veritat". Cal dir que, per sort o per desgràcia, tampoc he vist gaires bitllets de 100 a la meva vida. Així que el vaig mirar i li vaig dir que a mi no m'enganyaria, que què s'havia pensat i que allò era més fals que una moneda de 3 €. Així que vaig començar a esparracar el bitllet en mil bocins a la seva santa cara fins a quedar-me ben a gust.

A veure, hem de tenir en compte que aquella setmana ja m'havia vingut una persona a intentar-me'n colar també de 100 i la meva paciència a finals d'agost ja era inexistent.

Però continuant amb la història, al cap de mitja hora, va tornar el noi amb els de seguretat del lloc i em van preguntar què havia passat. Jo els ho vaig explicar i ells van decidir començar a recollir els 50 bocins de la brossa.

Al cap de mitja hora va venir el meu encarregat a dir-me que ho havien mirat molts cops a la màquina de comprovar bitllets i, efectivament, el bitllet era bo. Havia estripat un puto bitllet de 100 €! Molt fort. Me'l van descomptar del sou? Òbviament.

DERIVADES I EQUACIONS DE TERCER GRAU

Una altra molt bona feina (i que us recomanem amb la mà al cor) és la de fer classes particulars. La Joana, mentre cursava segon de carrera, en va fer a un nen de segon de batxillerat (pista: error).

Tot i haver sigut el que es considera una bona estudiant, les derivades i equacions de tercer grau són quelcom realment fàcil d'oblidar si no ho fas servir habitualment. Com expliques una derivada sense entendre què cony estàs fent? I la felicitat de quan per sort dona el resultat correcte tot i no tenir la més mínima idea de com hi has arribat?

Per no parlar dels pronoms febles o els complements directes, indirectes, etc. del català. Es va patir, es va suar. Això sí, la Joana mai oblidarà el dia que va rebre un whats dient "he aprovat mates i llengua catalana amb un 4,9". Ningú s'ho esperava. Sabeu aquella dita que, amb l'1% de possibilitats, tindrem un 99% de fe? Doncs això. Ara, posats a recomanar, no cal que trieu un alumne de segon de batxillerat. Segur que un de primària o d'ESO us facilitarà molt més la vida.

Si sou estudiants i decidiu que preferiu treballar i estudiar entre setmana per tenir els *findes* lliures (o ser pluriempleats i no tenir cap dia lliure, una cosa bastant practicada a Can Putades), busqueu feina de monitors d'extraescolars per escoles. Compaginable amb els estudis i cada dia sortiràs amb alguna cosa per explicar, ja que, depèn de l'edat, els nens són prou divertits i no cobres malament per les hores que fas.

I LOVE FER MANUALITATS

Personalment em van tocar dues escoles bastant reconegudes de Barcelona (no per coses precisament bones) amb nens d'edats diferents: un grup d'infantil i un de cicle superior. La meva feina era monitora d'*arts and crafts* (manualitats) en anglès.

[MISSATGE PER A LA GENT QUE EM VA CONTRACTAR O ALS PARES DELS MEUS ESTIMATS ALUMNES: AIXÒ QUE EXPLICO ÉS TOT MENTIDA.]
En principi havia de tenir un pla d'ensenyament superplanificat (pista: no va passar mai). Les nenes veien com cada dia m'inventava l'activitat una hora abans d'anar a fer la classe. Però una cosa no treu l'altra: jo crec que molaven molt. Per exemple, si un dia els hi portava una activitat massa benparida com fer unes aquarel·les fetes amb la tècnica de fer bufar la pintura amb una canyeta per dibuixar arbres i

estaven 0 receptius, la setmana següent els portava un mandala per pintar i... *a xupar-la*.

Si us toquen nens petits, millor que millor, perquè gaudireu de veure com aprenen a poc a poc a deixar anar la seva creativitat. Però si us toquen nenes d'11 anys, i més del centre de Barcelona, escola concertada... estigueu preparats per rebre'n alguna de bona.

Pobres, que eren moníssimes "el club de las pigas" (que no volien dir pigues sinó "pijas"), però algunes, per sort no totes, eren bastant repel·lents i maleducades. Me n'havien deixat anar alguna tipus "qué sudadera más fea" o "eres demasiado *hippie* para ser nuestra amiga" (POV anava amb xandall).

Crec que al final ens vam fer prou amigues, o com a mínim no em deien putes merdes.

GET READY WITH ME PER SER TIKTOKER

Podeu viure de les xarxes socials? Qui us paga? Guanyeu diners per fer el *capullo*? Quin morro que us convidin, no? Ah, i us ho han regalat perquè sí?

Bé, un dia vam llegir la frase d'un llibre que deia que, als anys vuitanta, entre els joves, s'havia popularitzat la frase de "dissenyes o treballes?", perquè en aquella època era una cosa tan nova allò de dissenyar que no s'entenia massa a què es dedicaven. I ara mateix es podria convertir en "ets creador de contingut o treballes?", perquè la sensació que tenim és que la gent es pensa que no fem absolutament res i només pengem quatre vídeos fent el tonto i ens regalen coses.

I de fet va començar així. O sigui, no va començar no fent res però sí penjant vídeos fent el tonto mentre estudiàvem i treballàvem de les coses que us hem anat explicant. Així que per explicar-vos bé quina és la nostra feina cal començar pel principi.

Tal com us hem explicat, els primers mesos de confinament els vam passar cadascú a casa seva, a la Garrotxa. No sabeu les vegades que vam penedir-nos de no haver-nos quedat tancades al pis de Barcelona. Després dels nostres primers mesos com a persones "independents" va i ens envien a casa.

I el setembre de 2020 vam tornar cap a la ciutat per començar el nou curs, encara que era pràcticament tot en línia. Això va provocar que el menjador de Can Putades es convertís en un espai realment multiús: tant podia ser una sala d'estudi, un gimnàs amb la Patry Jordan de monitora o bé la sala d'una discoteca, convertint la taula en la tarima.

I tantes hores juntes només ens portaven a maquinar jocs de taula inventats o les mil maneres amb què podíem fer diners, juntes, és clar.

Era la bonica època dels ERO i els ERTO i hem de dir que sort que teníem l'ajuda econòmica de les nostres famílies. Com que treballàvem poques hores i a sobre a l'hostaleria, vam arribar a cobrar l'espectacular quantitat de 5 € mensuals d'ERTO. Ni per a xiclets.

En aquell moment en què el món es va paralitzar, nosaltres ja vam veure que l'únic que no s'aturava eren les xarxes.

Així que vam començar a maquinar què podíem oferir dins aquest món que agradés i que, mentrestant, ens ho passéssim bé. Al pis érem bastant cuineres i, en aquell moment, gairebé totes vegetarianes: vam pensar que seria bona idea crear un compte a xarxes per compartir les nostres receptes. Després de moltes discussions vam arribar a un acord: es diria "les 3 B": bo, vegetarià i barat. De fet, si la busqueu per Instagram encara la trobareu allà. Pobre, només el segueix una persona: la Núria.

Probablement hi vam penjar alguna foto d'uns pebrots amb pa (ja sabeu que era el menú diari a Can Putades), una truita de patates i unes *fajitas*. Les 3 B no es va viralitzar, però nosaltres teníem el rum-rum de crear alguna cosa.

APUNTANT MANERES

La nostra presència a xarxes ja tenia precedents. L'any 2017 l'Ona i la Joana ja havien creat un canal de Youtube, Bròquil Is Over (s'ha acabat el bròquil, per si no ho havíeu *pillat*). Un total de tres vídeos parlant de modes a internet i criticant *influencers*. Ja apuntaven maneres. Aquests sí que encara els podeu recuperar (no us els podeu perdre). I podreu veure com ens ha arribat a afectar a l'accent haver anat a viure a Barcelona.

A més, quan vam crear aquest canal vam decidir enviar-l'hi al primer creador de contingut en català, al que sempre vam tenir com a referent: en Sir Joan. Però com que per alguna cosa ens diem Can Putades, l'Ona, en el moment de compatir el vídeo, sense voler va crear un grup d'Instagram amb el seu ex i en Sir Joan, acompanyat d'un text bastant patètic *tipo*: "Hola Joan mira aquest vídeo i digue'ns què et sembla." Ara si ho recordem riem, però en aquell moment va ser realment vergonyós.

Però bé, com que amb en Sir Joan ja ens coneixíem de feia un temps, va sorgir un tercer precedent a xarxes socials abans de crear el compte de Can Putades: sortir a la primera temporada de Pisos d'Estudiants d'Adolescents. cat.

Tant el pis antic de la Joana (un desastre, no cal que mireu el vídeo) com el de Can Putades, van ser dos dels pisos que van visitar en Long i en Joan per al seu programa. Encara no havíem penjat mai un tiktok, però ja havíem estat prou davant de les càmeres com per perdre la vergonya.

I gràcies a aquesta aparició, vam fer els primers amics a Barcelona, i ironia de la vida, eren de la comarca del costat de la Garrotxa.

COMPROBANDO NUESTRO CASTELLANO

SENTENCIADES

Així que un dia vam tenir LA idea que ens canviaria la vida sense saber-ho. Feia un temps que vivíem a la capital i ens havíem adonat que el nostre castellà, per molt que així ho deia al nostre currículum, no era nivell nadiu. Evidentment que el sabiem parlar, però si no tens la pràctica digue'm tu com es diu en castellà *cigró* o *llençols*.

Amb aquesta gran idea, vam decidir fer un vídeo on una deia una paraula en català, i les altres l'havíem de traduir en castellà (sense pensar, de manera ràpida). Com us podeu imaginar, el resultat va ser, si més no, curiós, per no dir penós. De 500 vam dir *cincocientos*, cigró va ser *cigrante* i *ciruelo*, mitjó el vam traduir com a *mediano*, però de finestra va sortir *windows* per demostrar el B1 d'anglès. I les que teníem més coneixements d'edició de vídeo ens vam posar a fer la feina que (encara que en aquell moment no ho sabíem) faríem durant molt i molt de temps.

I és que, de fet, abans de penjar-lo vam haver de crear un compte de TikTok (mentre algunes s'instal·laven l'aplicació per primera vegada), ja que cap de les integrants volia utilitzar el seu compte de TikTok personal per penjar aquell vídeo. Així que vam crear el TikTok del pis.

I què fem, nenes? Posem @canputades com a nom d'usuari? No és una mica descarat? I vam dir-nos: "Home, a veure, si és el nom de casa nostra, *suda la polla* que digui putades, és el que hi ha, som nosaltres."

Primer pas fet, ara faltava buscar una foto de perfil que ens agradés a totes. Bastant complicat tenint en compte que només existia una fotografia de les 5 (diuen que no tenir fotos amb els teus millors amics és bon senyal) i òbviament a alguna no li agradava. Que si se'm veu la xixa de sota el braç o que soc massa alta en comparació amb tu. Però eh! Teníem un quadre de les 5! Fem-li una foto i posem-lo.

Durant el confinament vaig decidir fer una sorpresa a les nenes: un quadre de nosaltres per al nostre pis faltat de decoració. Com que els colors que predominaven a casa eren el blanc, el vermell i el negre, vaig agafar aquesta única fotografia de les 5 i vaig fer-ne la silueta. Tot seguit vaig col·locar el paper al damunt d'un llenç i amb una agulla vaig anar foradant la tela fins que va quedar tota la silueta marcada. Pintat mig de blanc, mig de vermell, amb fil negre vaig anar cosint la silueta fins que es van veure les cinc noies que vivien juntes a Barcelona.

Els mobles i la decoració de casa (gràcies a Déu) ha anat canviant constantment fins a dia d'avui, i ens hem anat desfent del color vermell, fins al punt que no en queda rastre.

On sí que hi quedarà per sempre és al nostre logo, el qual va fer la Berta quan renovava la imatge corporativa per al seu TFG. Aquella lleixa vermella va fer que a casa predominés aquest color i, sense saber-ho, també el color de Can Putades.

DE MIL EN MIL

Podríem dir que hi va haver gent que no es va agafar gaire bé aquell vídeo, i una gran discussió als comentaris va provocar que ens féssim virals. Per una part, els espanyols ens tractaven de paletes i de no saber "la llengua del nostre país". Per altra banda, els catalans ens deien que estaven deixant malament Catalunya i que com podia ser, que no era veritat (espòiler: sí que ho era, hahaha). A la resta de persones, suposem que els vam fer una mica de gràcia.

En fi, la qüestió és que, després de penjar-lo, tenim el record de veure com les visualitzacions pujaven de mil en mil, una cosa exagerada i molt forta per nosaltres en aquell moment.

Al sofà, mentre vèiem tota la repercussió, vam tenir la conversa de dir: "Si algun dia ens fem famoses, ens direm Can Putades. Potser hauríem de canviar el nom."

Com veieu, no ho vam fer, i ja sabem que no som One Direction, però bé, és bastant putada dir-te Can Putades i que la gent quan ens veu ens digui: Miraaa, les putadesss!!

El que 100% no ens imaginàvem era que ens acabarien dient de tot menys putades: que si Can Punyals, Can Punyetes, "ah, que vosaltres sou les Putelles!". I encara menys que tindríem codis de descompte personalitzats com "CANPUTA-DES20". A sobre, alguna marca que no devia poder tenir codis amb tants caràcters ha arribat a do-nar-nos "CANPUTA". Això és entre divertit i una putada, no?

L'endemà d'aquest primer vídeo, la Berta ens va despertar a les 8 del matí cridant, dient que teníem més de 50 mil reproduccions a TikTok. L'emoció d'aquell moment va ser molt forta. Podríem dir que aquí va començar tota la nostra història amb les xarxes.

A partir d'aquest moment, ens vam aficionar a pensar idees i coses per explicar per xarxes donant a conèixer el nostre accent. Va ser la nostra manera de passar la post-pandèmia per zones, franges i totes les merdes de l'època de manera entretinguda i, també, el que va fer que construíssim la relació que tenim a dia d'avui.

Un altre dels primers vídeos que també va fer-se viral a TikTok va ser el de "nombres catalanes bonitos para ponerles a tus hijos". L'havíem vist d'uns americans que feien la versió "beautiful spanish names" i ens vam partir el cul, per això vam pensar que la versió catalana era una bona idea per fer nosaltres i aprofitar l'ocasió per vacil·lar una miqueta al país veí, que a vegades tenen la pell molt fina.

La cosa anava així (llegeix això amb una veu dolça i calmada, com si estiguessis recitant una meditació guiada; imagina't música de piano i ocellets de fons).

Nombres catalanes para poner a vuestros hijos o hijas:

✱ **Adafeci** es el nombre masculino de Ada, significa que va a cumplir todos sus sueños; los chicos más guapos se llaman así.

✱ En segundo lugar tenemos a **Po-drit**, que es el diminutivo de Pedro. Significa "imposible de marchitar" en el catalán más antiguo.

✱ **Brut**, que significa paz y amor.

✱ **Malparit** es un nombre muy común, sobre todo en el sur/oeste de Catalunya. Los padres ponen ese nombre a sus hijos para que crezcan con magnitud.

✱ Por último tenemos **Prepuci**, que significa fuerza interior y de voluntad.

Creiem que va ser dels primers vídeos que tenim a arribar al milió de visites, després del de traduccions.

EL MOLT HONORABLE TUIT

Va haver-hi un *PEAK* que ens va fer saltar del sofà: el retuit d'en Puigdemont. Recordem la trucada d'una de les nostres mares dient: "Nenes, el presiiii, el presi us ha dedicat unes paraules a Twitter!!!!!"

Un dia, el compte de @mantenimelcatalà va penjar un dels nostres vídeos de "paraules de la Garrotxa" a TWITTER. Algú altre en va fer difusió dient: "ostres, mireu que bones aquestes garrotxines". I de cop i volta algú carda un crit a casa: "Tu, què collons passa, tia? Tranquil·la!"

"Ties, ties, ties, el MHP Puigdemont acaba de retuitejar el nostre vídeo!!!"

Ens dedicava aquestes paraules:

Era com si ens ho hagués dit Messi, la Bad Gyal o Mario Casas, de veritat. Penseu que feia cosa de mesos que estàvem omplint els carrers (no per ell, però una mica per ell sí), i l'havíem anat a veure a Brussel·les i tot. Tot el que fèiem els joves en aquella època d'esplendor màxima de la catalanitat. No era ni la Mushkaa ni els Tyets. En aquell moment el fenomen català era en Joan Bonanit i en Puxi, i punt. Les nostres famílies i tothom va flipar molt en aquell moment.

> **Carles Puigdemont** ✅ @KRLS · 2h   ···
> No us ho perdeu! La parla catalana té una riquesa i una diversitat enormes. M'agradaria sentir-les als nostres mitjans públics amb més freqüència, sense sordina ni disfressa. Català viu, fresc, a tocar de cada racó del país. Gràcies!
>
> > 🐱 **Miquel Pellicer** ⌄ ✅ @mik1977 · 2d
> > Can Putades: el #Friends en català a TikTok! 🕯️🕯️🐱 Bravot!!!
> > Mostrar este hilo

ÉS UN 10 PERÒ ÉS CREADORA DE CONTINGUT

Els mesos van anar passant, els seguidors anaven pujant i les visites també. Cada vegada teníem més gent que ens seguia, que ens preguntava i que s'interessava per la nostra vida. El que va començar com un entreteniment es va anar consolidant, i encara que en aquell moment no ens haguéssim imaginat res del que hem aconseguit fins ara, podríem dir que ja ens ho vam començar a agafar més seriosament i ens preocupàvem i passàvem llargues estones editant el contingut, pensant què podia interessar i què no, i de quines maneres podíem fer-ho per continuar creixent a TikTok.

Perquè, parèntesis, nosaltres no vam decidir que havíem de penjar les coses a Instagram i utilitzar aquella plataforma fins ben bé dos anys després. A Instagram penjàvem vídeos fent el burro per casa a mode d'àlbum personal, per al record. Compte privat, vaja. Però bé, seguim.

EL PRIMER EURO

L'única base que teníem per entendre i saber com funcionava tot aquest món de les xarxes era el fet que nosaltres érem fidels seguidores de persones que feia anys que creaven contingut. Alguna seguia contingut de moda, altres d'humor, o d'esport.

Vaja, que ja sabíem més o menys que això era una feina que hi havia gent que s'hi dedicava, per tant, és clar que, encara que fos molt aviat per dir-ho, en algun moment ja vam pensar que podia anar cap a endavant fins al punt de dedicar-nos-hi.

Per molt bé que ens ho passéssim gravant i editant, moltes vegades feia pal, o no teníem res a dir. Sabíem que aquestes aplicacions ensenyen el teu contingut si penges coses cada dia, si ets molt actiu. Però nosaltres estàvem estudiant i treballàvem d'altres coses. Semblava una pèrdua de temps, i així ho veien també les nostres famílies.

I sempre acabava arribant el pensament de "i si parem de penjar vídeos?", però tornava el de "és que podria ser la nostra feina". I així, continuàvem fent cosetes. Fins que sense adonar-nos-en teníem més de 10 mil seguidors a TikTok i començàvem a rebre la quantitat d'1 € per cada 100.000 reproduccions.

La mare de l'Ona sempre recorda el dia que la seva filla va entrar a la seva feina dient: "ens han donat un eurooo!". I ella es partia el cul, com si aquell primer euro demostrés que ens hi dedicaríem.

Finalment vam decidir fer ús d'aquell Instagram, que de moment era personal, ja que semblava que era una aplicació més "seriosa" i establerta. Si més no, una aplicació menys *random*, i on podies fer comunitat. Així que allà també vam poder començar a sumar seguidors, però molt a poc a poc.

VAL PER UNA GARRAFA D'OLI

I un dia, al cap d'uns mesos i alguns regals, com per exemple uns tops ben xulos de reixeta, ens va arribar la nostra primera retribució en espècie com a *influencers*. Ens van proposar participar en una xerrada sobre la salut mental dels joves i ens donaven un val de 200 € per bescanviar en algun comerç local d'Olot o la Garrotxa.

El millor va ser a on vam demanar gastar-nos-ho: 100 al supermercat Esclat Bonpreu i 100 al Basar de les Preses. Teníem una llista de tot el que volíem comprar: garrafes d'oli d'oliva verge extra, coixins i coixineres, espelmes, fundes de sofà i un llarg etcètera de coses hipernecessàries per al nostre pis. Però el més bo de tot és que mai vam acabar fent-los servir. Sí, no té cap tipus de sentit. Simplement els mesos van anar passant i mai vam trobar un moment per ajuntar-nos totes a Olot i anar a comprar, i portar-ho amb la meravellosa Teisa fins a Barcelona. I és clar, els vals van cadu-car. [Si algun treballador de l'Esclat vol tornar-nos a fer el val, nosaltres encantades d'utilitzar-lo.]

Però el més benparit va ser la xerrada. Ens va agradar que des de la nostra comarca ens demanessin de fer coses amb ells. Vam estar parlant sobre el futur dels joves, i hi havia pares i mares que en acabar ens venien a preguntar coses, sobre com fer-ho per tenir millor comunicació amb els seus fills, etc.

Aquest va ser un dels moments en els que vam sentir que, si podíem tenir un altaveu a través de les xarxes, ho havíem d'aprofitar d'alguna manera per fer alguna cosa bona pel món, per molt petita que fos.

Però en aquell moment per nosaltres Can Putades era només un *hobbie*, quelcom que ens ho feia passar bé una estona mentre gravàvem però per res era la nostra prioritat i encara menys ens imaginàvem de manera realista que algun dia podria ser la nostra feina.

Però sí que intentàvem fer-nos les bruixes (com sempre, vaja):

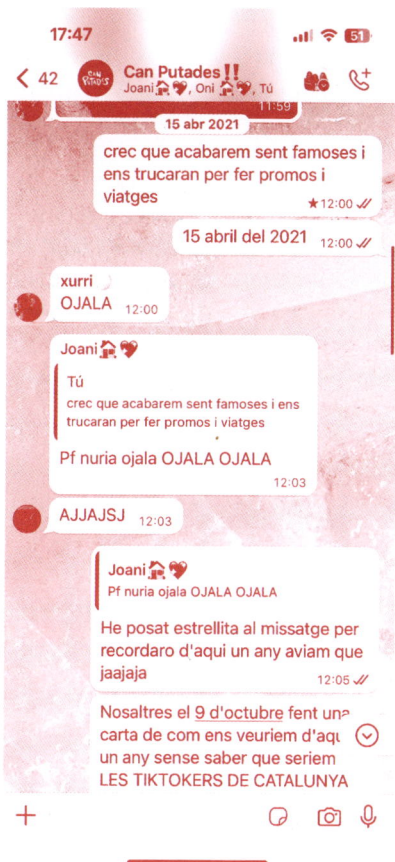

(En aquest moment feia dos mesos que havíem penjat el primer vídeo.)

1 **El client no sempre té la raó.** Per molt que el teu encarregat et digui que el client sempre té la raó, et posaràs negre quan un llamp de burro et toqui els collons treballant.

2 **Tothom hauria de passar per l'hostaleria, almenys un cop a la vida.** També convalidable amb alguna feina de cara al públic com botiguer o caixer de supermercat. Fins que no ho vius, no entens com d'esgotador és somriure tot el dia i tractar amb clients malhumorats.

3 **Passi el que passi, recorda que el teu superior no és el teu amic, l'estàs ajudant a fer-se ric.** En tindràs de millors o de pitjors, però el més pro-bable és que no els hi importis massa gens. Si tens un cap que sents que et valora, valora-ho. No és fàcil de trobar.

4 **Els nens i els animals sempre són millors que els adults.** Si pots, tria una feina amb la que t'hagis de relacionar amb peti-tes criatures innocents. Els nens et diran directament si alguna cosa no va bé, mentre que els adults sovint et complicaran la vida amb indirectes.

5 **El menjar ràpid no és tan di-vertit quan l'has de pagar tu.** De cop, les ofertes i descomptes del menjar ràpid et semblen la millor idea del món. Fes-ho tu.

ELS 10 MANAMENTS
PER ENTRAR A LA VIDA ADULTA

6 **Els caps de setmana són per fer encàrrecs, no per descansar.** Quan eres petit, el cap de setmana era diversió. De gran, és per fer la bugada, comprar i netejar la casa.

7 **Fer la migdiada és el major luxe de la vida adulta.** De petit odiaves fer la migdiada; de gran, és el millor que et pot passar un dia atrafegat.

8 **Comprar roba ja no és tan divertit.** De jove era emocionant, però de gran només penses en com de car és tot i que ja no tens ganes d'emprovar-te mil coses.

9 **Les reunions que "podrien haver estat un correu" són la realitat de la vida laboral.** Al final, moltes reunions són una pèrdua de temps i es podrien resoldre en cinc minuts amb un missatge.

10 **Sempre falta alguna cosa a la nevera.** No importa què compris al supermercat, que sempre arribes a casa i t'adones que t'has oblidat d'un ingredient clau per al sopar.

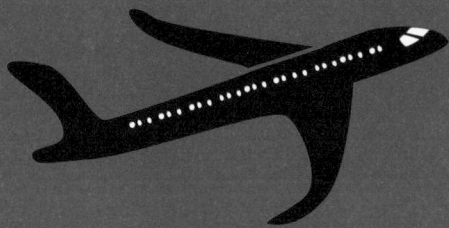

ANAR, TORNAR I QUEDAR-SE

Quan feia un any que vivíem fora de casa, ja ens pensàvem que érem superindependents, però amb 19 anys, reina, i guanyant 300 € al mes, quina independència vols tenir? De set dies que té una setmana només en passàvem quatre i mig a Barcelona. Tornàvem perquè trobàvem a faltar els nostres pares i tot el que comporta viure amb ells (pista: encara ho trobem a faltar i seguim fent el mateix, tot i que no tan sovint): menjar de puta mare que no t'has de fer tu, trobar la roba neta i planxada sobre el llit, bronques d'aquelles que et fan tocar de peus a terra...

Quan recordem què pensàvem quan érem petites, ens diem a nosaltres mateixes: pobres ingènues... Que amb 25 anys ja viuríem soles o amb parella i tindríem prou diners per casar-nos al cap d'un any i tenir fills al cap de quatre. El que suposava tenir una feina estable, lloc fix, vida tranquil·la i que hauríem viatjat moltíssim.

Però vaja, que som més a prop dels 25 que dels 20 i la veritat és que no ens surten els càlculs. Viure soles ja no és una opció perquè òbviament no podem pagar 1.000 € de lloguer

d'un pis a Barcelona, però és que tampoc podem pagar els 700 € que costen a la Garrotxa (tampoc hi ha lloguers xd). El tema de tenir parella encara ho podem mig aconseguir, però fins quan? Estalviar per a un casament està complicat si ja costa estalviar per anar a passar uns dies de vacances fora de Catalunya. I bé, que casar-se ens queda molt lluny, molt. I dels fills... ni treure el tema. Però bé, com a mínim amb els anys hem pogut rendibilitzar el fet de compartir pis.

Així que, encara que el *hobbie* ens donava algun euro de tant en tant, era només una "pèrdua de temps". Així que les nostres vides seguien. I un dia arriben les oportunitats, i nosaltres vam aprofitar les nostres.

DIRIGEIXI'S A LA SEVA PORTA D'EM-BARCAMENT

Can Putades se separava per marxar d'Erasmus, de SICUE (que és marxar a Espanya), de fals Erasmus voluntariat o de viatge de desconnexió. Érem joves (ara també, però en aquell moment encara més) i crèiem necessitar veure món, llençar-nos a una piscina encara que no hi hagués aigua i sentir que no perdíem el temps.

D'aquesta manera van començar tots els viatges de Can Putades on pràcticament quan una tornava l'altra marxava i així successivament, fet que va complicar poder mantenir una constància a xarxes i una bona comunicació entre nosaltres.

Això sí, sempre que alguna marxava, buscava una persona per llogar la seva habitació durant aquells mesos. Per aquest motiu, a Can Putades hi han viscut cap a 10 persones diferents (comptant-nos hi a nosaltres).

DOS TOUBABS I UNA GRINGA

La Joana va agafar un vol direcció Brasil a l'agost del 2021, amb l'objectiu de fer l'Erasmus que tant esperava i sense saber que seria el viatge de la seva vida i que, des d'aquell moment, sentiria que una part d'ella sempre l'estaria esperant allà per quan tornés. Aquella nena de 21 anys que va marxar espantada mai va tornar sent la mateixa persona. A més, mai m'imaginava que a 7.899 km de les nenes ens uniríem més que mai fent videotrucades Rio – Mar Lodj.

Després que l'Ona tingués l'excusa per viatjar, per un error en el tràmit del seu Erasmus, va decidir fer un fals Erasmus perquè se li convalidés el bo i no s'hagués de quedar a Barcelona fent l'estada com li havien dit. La Núria, un dia després d'haver fet una cervesa, va dir que l'acompanyaria, sense saber que dos mesos més tard estarien totes dues viatjant a un altre continent, Àfrica. Contretament Mar Lodj, una petita illa del Senegal.

Vam desconnectar molt, la veritat, perquè com que l'internet s'havia de pagar i era caríssim (no hi havia wifi enlloc) fèiem servir el mòbil menys 10. Només l'agafàvem per compartir per Instagram les activitats que fèiem, parlar amb la família i fer *facetime* amb la Joana.

I de què parlàvem tantes i tantes hores per videotrucada? És clar, d'amor.

Encara que pugui semblar "tonto", amb 20 i 21 anys ja us diem que els problemes sentimentals no els sabíem treballar gaire bé (de fet ara encara tampoc). Ni amb nosaltres mateixes ni amb la resta de persones, però igualment ens encantava passar-nos hores, com dèiem nosaltres, passant-nos el joc de l'amor.

En aquelles videotrucades amb poca cobertura ho comentàvem tot des del poder que ens donava sentir-nos en una bombolla, lluny de casa, com si ho veiéssim tot com si fóssim déus. La Joana ens explicava com trobava a faltar el seu nòvio en aquells moments, la Nuni gestionava els rumors que li arribaven del seu des d'Olot i l'Ona mirava de respondre un missatge de correu de dues pàgines de Word del seu ex de feia dos anys.

Un incís: d'aquest missatge que li havia arribat a l'Ona, les altres en vam ser coneixedores al cap de DUES SETMANES. Sí, dues setmanes callant-s'ho per dins i fent veure que tot estava bé i que no li havien rebentat el cor unes explicacions que havia esperat feia 14 mesos.

Però deixant de banda l'amor (que sempre acabem parlant del mateix) el nostre projecte comú, Can Putades, estava en els mínims (era de l'última cosa que volíem parlar). L'Ona i la Núria des del Senegal intentaven fer algun vídeo del que feien allà, parlaven de la imposició del 25% en castellà a les escoles i poc més. La Joana feia vídeos des de la platja, com podia, amb la cobertura que li permetia.

Mentrestant, la Laila i la Berta, des de Barcelona, intentaven continuar la rutina que teníem quan estàvem juntes, però la veritat és que cap de les 5 s'esforçava massa a fer-ho tirar endavant. Els vídeos d'aquell mig any demostraven a la perfecció el caos en què vivíem. I els mesos van passar molt ràpid.

QUÈ SE'NS HI HA PERDUT, A BARCELONA?

I tornem dels viatges directes a la Garrotxa. És desembre i està tot pràcticament igual de tancat per les restriccions que quan vam marxar. Tornem a casa amb els nòvios i apareixen també noves il·lusions. Allà ho teníem tot: família, amics, amors, feina...

I la tornada a l'escola després de Nadal es fa feixuga... Si no hagués sigut per l'amor, haguéssim tornat al Brasil i al Senegal. No hi teníem res a fer, a Barcelona. Ai, perdó, és clar, acabar la puta carrera (s'estava fent llarga).

A part, a Barcelona no hi teníem amics, a banda de nosaltres. Vam viure la vida universitària en pandèmia i postpandèmia i, per tant, la socialització va ser mínima.

I tan poc volem tornar al pis, que els divendres a la tarda arribem a casa i tornem a Barna amb el bus del dilluns a les 6 del matí, així podem estar una nit més amb els amors i una nit menys sentint els cotxes passar interminablement.

El bus de les 6 del matí, entre nosaltres, l'anomenem el bus de l'amor. Perquè només una persona enamorada decideix que és millor aixecar-se a aquelles hores en comptes d'agafar el bus de diumenge al vespre i dormir a Barna i descansar bé.

No para ni un moment la vida a Barcelona? És una època que amb 3 nits en fem prou, comptant que una és de festa i l'altra de ressaca. No sabem pas què cardar... I pensem que acabarem les carreres i que anirem a viure juntes entre volcans. Perquè tres dies a casa amb els nostres pares sí, però tota la setmana potser ja no podrem aguantar-los. Estem PERDUDES.

Val la pena seguir-nos gravant? A on volem arribar amb tot això, si és que volem arribar a algun lloc...?

I ens va passar una cosa que podria semblar prou dolenta però sabem que ens va donar la força que necessitàvem, ni que fos per unir-nos una miqueta més. Primer a la Nuni, una setmana després a la Joana i tres dies després a l'Ona: ho vam deixar amb les nostres parelles al mateix moment.

Hi ha un moment més *PEAK* per a un grup d'amigues que coincidir en totes les fases del dol d'una ruptura? Hem de dir que, per molt que vam plorar moltíssim, fer-ho juntes, com sempre, va fer menys mal.

DESCOBRINT LA PROFESSIÓ

Però vam tornar a penjar contingut a Can Putades, encara que poc i sense dedicar-hi gaire temps; ens gravàvem fent algun vídeo queixant-nos de qualsevol cosa que passava a Catalunya.

Estàvem passant per una mala època. Ja havíem tingut baixonades cada vegada que alguna de nosaltres marxava. Quan vam tornar del Brasil i del Senegal, la Laila va marxar a Xile i la veritat és que en aquells moments la motivació era mínima. Però sempre passava alguna cosa que ens aixecava l'ànim. En aquest moment vam rebre aquest correu que va canviar el rumb de les coses, altra vegada:

Hola,

Soc periodista del programa de documentals *Sense ficció* de TV3. Estem preparant un tema sobre llengua catalana i ens agradaria molt poder parlar amb vosaltres. Sou per Barcelona aquests dies? Podríem quedar (encara que sigui virtualment) i us expliquem el projecte?

Moltes gràcies,
Carles Prats Padrós

Hòstia! Doncs potser sí que va a algun lloc tot això que fem "perquè sí".

MAMA, SORTIRÉ A LA TELE!!

Aquestes coses fan molta il·lusió, però entre gravar i veure-ho a la tele van passar uns mesos. Seguíem tristes, amb els nostres cors trencats, no volíem posar-nos davant d'una càmera a parlar i riure, encara que haguéssim pogut dissimular com en altres moments. No ens venia gens de gust.

Així que ens gravàvem molt de tant en tant i, amb tot això, venia l'estiu. Un estiu on treballàvem en l'hostaleria, en el mateix bar (sí, mai se'ns ha donat gaire bé separar-nos) i no volíem que Can Putades s'acabés ni deixar del tot les xarxes socials.

Però en aquell moment era pràcticament impossible, ens passàvem els dies al bar treballant i quan plegàvem la llum era inexistent, com la bona cara i les ganes de fer bromes. A més, no feia massa que la Laila ens havia dit que volia quedar-se al poble i deixar les xarxes. Tranquil·lament vam estar dos mesos sense penjar cap vídeo enlloc.

I encara venien dues baixes més, ja que la Berta i la Núria marxaven de Can Putades durant uns mesos per anar a Madrid i Tenerife.

Amb els ànims per terra, aquí va ser la primera vegada que vam tenir dubtes de si realment calia seguir amb aquest projecte.

Però altre cop, la vida no volia que ho deixéssim aquí: ens arriba una proposta que per primera vegada valora econòmicament la feina que fem.

EL NOSTRE ÀNGEL DE LA GUARDA

Durant aquells mesos d'estiu ens van enviar un tuit que deia el següent:

Busquem ambaixadors de TikTok que facin el seguiment oficial del concurs de música emergent per 1.800 €. Si us plau, ajudeu-nos a arribar al màxim de candidats.

I vam dir: per provar-ho, què hi perdem? Així que ens vam apuntar al càsting amb el nostre coneixement zero en música.

I sí!!! Van seleccionar-nos per cobrir durant uns mesos el concurs musical Sona9, on havíem de seguir un dels grups finalistes: Figa Flawas. En aquell moment tenien alguna cançó que s'havia fet viral, tot i que nosaltres estàvem bastant desconnectades de la música del moment en català i no sabíem pas qui eren. I mira ara, qui ho diria: "La Marina

està morena" ha estat al top d'èxits del país veí aquest estiu 2024.

Gràcies al Sona9 vam conèixer l'Albert Lloreta, que sempre hem dit i direm que és el nostre àngel de la guarda, ja que sembla que ens ha aixecat l'ànim en els moments més baixos. Va fer que el projecte veiés un bri d'esperança i volguéssim tirar-lo endavant. Parlarem d'ell més endavant, però va ser aquí quan va néixer la nostra bonica amistat.

I mentre anàvem a estudis de gravació a diferents llocs de Catalunya acompanyant els Figa Flawas i la resta de concursants del Sona9, la Núria començava a... Madrid.

DES DE MADRID

El setembre de 2022 la Núria va marxar mig any a fer SICUE (Erasmus dins d'Espanya) a Madrid.

Vaig acabar anant-hi sense gaires expectatives i una mica per sorpresa, perquè vaig demanar que anul·lessin la sol·licitud que havia fet fer, però un mes més tard em van trucar per dir-me que m'havien acceptat. Vaig creure que era una oportunitat i cosa del destí, així que vaig pensar (ben cagada, això sí): va, som-hi, cap a les Espanyes.

Em vaig poder demostrar a mi mateixa que podia sola i que no necessitava a ningú per fer el que en tenia ganes. I la veritat, encara que em costi una mica dir-ho, Madrid és increïble i la seva gent, deixant de banda els fatxes que et trobes quan dius que ets catalana, també.

Pel que fa al projecte de Can Putades, les sensacions en el moment que ets fora i veus que les coses no roden i que en part potser també en tens culpa però tampoc pots fer-hi gaire res, crea impotència. Em sabia greu veure que el nostre projecte s'estava apagant i que cap de les que érem sabia exactament com fer-ho per canviar-ho.

Però el Sona9 va ser una venteiada d'aire fresc que avui dia considero que ens va salvar. Perquè passar de no penjar res a explicar de tant en tant què estava passant al concurs va donar una mica de *vidilla* al compte i va fer que no morís. Jo estava a Madrid i continuava sense poder fer gaire res per ajudar i involucrar-me, més enllà d'un parell de vídeos que vam fer amb la Joana quan em va venir a visitar, però els ànims de mica en mica van tornar a

ser-hi i vaig tenir ganes de tornar a casa.

Però abans de tornar del tot, vam tenir una mena de regal per a la nostra amistat i per al nostre projecte: ens van citar a Brussel·les, al Parlament Europeu, a participar en una xerrada per a joves. Així que vam comprar vols des de Madrid i Tenerife i ens vam poder trobar després d'uns mesos separades. Vam poder parlar de les nostres vides i de tot el que ens estava passant. I ens va tornar la il·lusió.

UNA NOVA RUTINA

I quan vam tornar al febrer i vam ser allà les quatre al pis una altra vegada, semblava que tornàvem a arrencar amb el projecte. Teníem coses a dir i vam proposar-nos anar *a tope* amb Instagram, que devíem reunir uns 6.000 seguidors. A més, alguna marca ens regalava coses a canvi de fer *reels* o fins i tot ens volien pagar amb diners! I ens venien preguntes com: 200 € és un preu just?

FUN FACT. Un dia, una marca de joguines sexuals ens va regalar un succionador de clítoris per a cada una a canvi d'un *reel*. Can Putades passava per una època de sequera (i no creativa precisament) bastant important i la veritat és que no podíem deixar escapar aquesta oportunitat. "Ties, hem de fer una promoció massa ben parida i que ens regalin més coses."

I nosaltres, ben innocents, durant tot el vídeo (que molava que flipes) anàvem dient el nom de la competència, perquè ens pensàvem que tots els succionadors es deien *satisfyer*. A la marca no li devia fer ni puta gràcia. És com si ens contracta Mocadors Paco i anem dient "uah, són els millors clínex de la història". Evidentment ens van demanar que esborréssim el *reel*, però no pas que tornéssim la joguina (lògicament). Només direm que s'ha amortitzat.

Però bé, que no va fer ni falta clicar el botó d'esborrar, ja que ens havíem saltat tantes normes de la comunitat que el TikTok mateix va borrar-lo ell tot sol.

És que ben bé que no en teníem ni puta idea de res. Ja devíem tenir cap a 10 mil seguidors a Instagram i uns 40 mil a TikTok quan ens demanaven de participar en campanyes així una mica serioses, de marques bastant *top*. No se'ns acudia res més que pensar coses que a nosaltres ens feien riure, però... i que, és clar, ja molaven, però que si li dones un parell de voltes ja veus que la marca no voldrà que diguis això en nom seu.

Proposta real que vam enviar (no direm la marca però si penseu una miqueta ja podeu relacionar aquesta beguda amb una altra).

Ens demanen que promocionem una nova campanya d'Estirilla Damn i nosaltres vam pensar que ostres, direm la veritat, i és que les marques de sucs de pinya espanyoles son més aviat dolentes. Literalment dèiem que eren vomitives i fastigoses. El diàleg era el següent:

— T'imagines que ets de Madrid i la cervesa de la teva ciutat és Meu?

— BUAAA, quin fàstic, és la pitjor birra que he tastat mai!!!

— I ser andalús i que a cada bar hi hagi CROSS CAMPU?

— ¡*Ya me jodería*! Quina putada, boig!

— Sort que aquí, a Catalunya, tenim Estirilla Damn i no ens hem d'avergonyir de la nostra cervesa de confiança.

En fi, que ens van dir que, si us plau, penséssim una altra cosa per dir, que no impliqués insultar ni dir res d'altres marques. Ben bé que petites inexpertes.

I ARA QUÈ CARDEM?

Pràcticament des que neixes, et posen al cap que el que està establert com a norma general i el que et farà tenir més opcions professionals a llarg termini és bàsicament fer batxillerat i després anar a la universitat. En teoria, si fas això, en acabar podràs trobar una feina i tenir un sou digne, et podràs independitzar econòmicament, etc. Però a mesura que vas creixent, vas veient que això de fer-se adult no té res a veure amb el que t'han explicat.

De fet, per molt que hagis fet la gran carrera, ningú t'assegura que en acabar t'agafin al lloc de pràctiques on t'han explotat durant sis mesos i t'han fet fer la feina que ningú no vol. O potser t'encantaran les pràctiques i igualment no t'agafaran. Ningú t'explica que hi ha la possibilitat que no tinguis gens de ganes de dedicar-te a res del que has estudiat. Ningú t'explica la sensació de buidor que pots sentir en acabar la carrera i la pressió del "i ara què merdes faig?".

La majoria acaba fent un màster per allargar l'època universitària o també potser perquè realment pensen que els agrada el que han fet, algunes es carden a fer una altra carrera perquè, és clar, com

més coneixements millor, i d'altres allarguen la carrera un any més, per allò de "així faig el TFG amb més calma".

Aquests casos no són de companyes d'amigues, hem set o som nosaltres mateixes.

Ningú ens assegurava que viure a Barcelona seria un camí de flors i violes. Enmig de titulars com "Un jove hauria de destinar el 92% del seu salari a un lloguer per viure sol" o "Llogar una habitació a Barcelona ja costa la meitat del salari mínim", hem viscut l'empobriment d'una Barcelona cada cop més semblant a un creuer turístic amb tot inclòs que a una ciutat per als seus habitants.

La capital del nostre país, com moltes altres grans ciutats, ha vist com el preu de l'habitatge s'ha disparat en els darrers anys, i l'emancipació s'ha convertit en una meta gairebé inassolible per a molts joves com nosaltres. Amb salaris que sovint no s'ajusten al cost de la vida, cada cop és més difícil deixar la casa dels pares i començar una vida independent.

Ens hem trobat en una ciutat on cada cop és més difícil de viure-hi i on pots trobar-te tants turistes com pintades de "tourists go home". Un lema que, de fet, s'ha convertit en una mena de crit de guerra. És un moviment que reflecteix una pre-ocupació pel futur de la ciutat i pel dret a un habitatge digne i assequi-ble, ja que la presència de pisos tu-rístics ha contribuït a l'encariment dels lloguers, i ha forçat molts joves a buscar habitatges en barris més perifèrics o, fins i tot, a abandonar la ciutat.

Sabem que, si volem seguir a la ciu-tat, durant molts anys més haurem de seguir compartint pis. Sort que per nosaltres seguir juntes és la so-lució a molts problemes, però això no treu que ens indignin aquests preus tan salvatges.

El juny del 2023 ens vam trobar amb carreres acabades o mig aca-bades, sense ganes de dedicar-nos al que ens havia fet anar a viure a Barcelona i encara menys de tornar a cals nostres pares.

Sentíem que teníem per davant un futur ple d'incerteses i dubtes, mol-tíssims dubtes. Ens vam plantejar moltes opcions: marxar a un altre lloc del món, deixar Can Putades, que totes féssim el nostre camí separades, anar a compartir pis a la Garrotxa…

La Nuni i l'Ona van ser les primeres que van tenir-ho clar. Mesos més tard, i també gràcies al FCB (qui ho havia de dir…), va sumar-s'hi la Joana.

Però com coi expliques a casa que vols quedar-te un any més a Barce-lona, si ja no t'hi lliga la universitat? Complicat. I si és per ser tiktoker? Encara més.

LA DECISIÓ MÉS DIFÍCIL

Els últims mesos abans d'acabar el curs, a Can Putades vam prohibir la pregunta de "i què faràs quan acabis la carrera?".

Can Putades projecte teníem clar que no volíem que acabés, però tampoc cap de nosaltres volia fer gaires esforços perquè això NO passés.

Una nit al menjador va sortir el tema i la Berta va dir que ella tenia clar que tornaria a la Garrotxa al juny, que no volia seguir a Barcelona si ja no ho necessitava. La Joana havia decidit feia uns mesos tornar a anar al Brasil a fer el seu segon Erasmus, per trobar-se ella mateixa (o per intentar-ho). Havia acabat la carrera però no sabia què volia fer amb la seva vida, així que va decidir seguir penjant tiktoks des de la platja de Copacabana.

Per altra banda, l'Ona i la Núria estaven en aquell moment que no saps què fer, si marxar fora també, si tornar a casa o si quedar-se a Barcelona.

==Però realment, en aquell moment ja teníem clar que volíem dedicar-nos a== ==crear contingut en català per xarxes i el nostre objectiu era aconseguir-ho.==

Així que, després de moltes converses i discussions (amb la família també), vam decidir quedar-nos almenys un any més.

A més, teníem la inquietud de fer alguna cosa més que ens donés un afegit. No sé, un pòdcast? Dues amigues parlant, amb tot el que tenim a dir? I ens vam aferrar a aquesta idea i vam començar a construir aquest altre projecte.

Vam dissenyar com volíem que fos el logo, vam pensar en el nom i vam estructurar una escaleta i diferents seccions. Es diria "Només veritats"; estava tot pensat. Però sense haver de deixar Can Putades, eh?, només faltaria. I, a sobre, la nostra idea era autoproduir-nos-el (pobres il·luses...).

I passen els mesos i ens trobem les tres estupendes que som ara amb aquest missatge de Som Eva de: "fem alguna cosa". La nostra resposta? ÒBVIAMENT, SÍ.

Però, és clar, va arribar l'estiu i amb això l'explotació laboral de l'hostaleria i la mainada de casal, i per uns mesos ens vam oblidar de tot això, altre cop.

Mai ens imaginàvem tot el que vindria després de l'estiu de 2023, i que posaríem en un calaix el projecte de "Només veritats" perquè en pogués venir un altre de molt més xulo...

ESTARIES MAI AMB UN PIXAPÍ?

I potser, i només potser, aquesta excusa de buscar alguna cosa a fer l'any següent a Barcelona era perquè hi havia alguna cosa que tirava cap aquí.

Res no et lliga a una ciutat com Barcelona si no tens una feina o una parella. I la feina encara no estava establerta, i la parella tampoc, però ens vam acabar mossegant la llengua per totes les vegades que ens vam repetir que no estaríem mai amb ningú de Barcelona i rodalies (ho sentim si ets d'un poble del costat de Barcelona; et considerarem de ciutat).

Enamorar-te a Barcelona fa que canviï la teva perspectiva de la ciutat. De cop, t'és igual tornar el divendres a la Garrotxa o passar el cap de setmana a la ciutat. Aquell barri que no li veies res, de cop té un encant estrany i en algun moment et trobes pensant si podria

ser una bona opció viure a Barcelona tota la vida.

Una birra amb les amigues als búnquers? S'hi està bé... però igual de bé s'hi està a la Mare de Déu del Mont o a les gorgues de Sadernes. Però fer una birra amb una persona que t'està començant a agradar, mirant la posta de sol amb la ciutat als peus i parlant de les vegades que has confiat en els homes i t'han fallat i ell dient "amb mi tot anirà bé", *joder*, doncs no és el mateix.

Passar per sota l'Arc de Triomf no és una cosa que ens ha impressionat mai perquè el monestir de Sant Pere de Besalú o l'església de Sant Esteve d'Olot són molt més boniques i impressionants. Però de cop i volta et trobes agafada de la mà direcció al parc de la Ciutadella per fer un pícnic improvisat i els senyors que fan bombolles per als nens guiris ja no molesten, sinó que ho fan tot preciós. Ens havíem plantejat mai anar al Tibidabo? O passejar pel Born o per Gràcia? No pas. Però la vida de color rosa canvia totes les perspectives.

Després aterres i veus que ni de conya criaries els teus fills sense la possibilitat que puguin aprendre a fer cabanes als arbres des dels 8 anys. Però sí que enamorar-te a Barcelona, o a on sigui, fa que vegis la vida més bonica, i on abans alguna cosa podia ser indiferent, ara et fa gràcia. Estar enamorat ja és això: veure-ho tot bonic.

I sí, el que diuen les males llengües és cert (si vols que sigui cert): LA TITA TIRA. I mentre la Joana era al Brasil vivint la seva millor vida entre *caipirinhes* i el Crist Redemptor, li passàvem fotos de qui estava acompanyant-nos a les nits a Can Putades i s'asseia al seu sofà.

AIXÒ HO EXPLICAREM ALS NOSTRES NETS

I tot es va anar posant a lloc. Els mals d'amor ja no feien mal perquè el nostre cor estava ple. I de sobte érem part d'aquesta "elit catalana" i certa marca de cervesa ens convida als seus esdeveniments. I del Sant Jordi Musical i l'Strenes Urbana a l'antiga fàbrica d'Estrella Damm passem al lloc més impressionant mai imaginable; ens envien el missatge que més ens ha paralitzat el cor:

— Si el Barça guanya la Lliga, us agradaria anar a la rua sobre el bus que acompanya els jugadors?

QUÈ POLLES? ENS ESTEU VACIL-LANT???????

15 de maig de 2023

I no sabem com però un dia ens plantem al Camp Nou dient que ens han citat aquí, que hem de pujar dalt del bus.

Saps allò que et passa una cosa massa puto heavy que del xoc que ha set ets incapaç de recordar res? Doncs tampoc és això perquè mai oblidarem aquella imatge, però si ens preguntes que què vam fer durant tres hores, només diríem que saltar, cridar i flipar.

Feia literalment dos dies que anàvem a llocs com a convidades. I de sobte ens trobem la Maria Vallespí, en Sir Joan i l'Abraham Orriols igual de flipant que nosaltres. Només som aquests? Dèiem que erem "els escollits". Al bus també hi havia tota la família Buyer, en Pol Corredoria... I tres cubells plens de productes de la marca i molt de gel per mantenir-los freds, a més de bufandes, gorres i banderes del Barça.

La primera de les millors imatges, sens dubte, és nosaltres envoltades de paperines blaugranes passant per sota l'Arc de Triomf, el sol caient i bombes de fum vermelles als nostres peus. Però la segona imatge també és boníssima: encabat de la rua menjant una hamburguesa en un banc i assimilant tot el que acabava de passar.

Amb aquestes, la Joana s'havia perdut, com diu ella, el millor dia de la seva vida, i no pensava perdre's res més relacionat amb el FC Barcelona: ens havien convidat a jugar al Johan Cruyff el partit de les estrelles.

Així que amb els diners que li quedaven es va comprar un vol de tornada cap a Barcelona per tornar a Catalunya sense previsió de marxar altra vegada i, ara sí, amb la idea clara de quedar-se a Can Putades amb l'objectiu de continuar el projecte plegades al 100%.

LES AMISTATS TAMBÉ SE SEPAREN

Però la primera que va decidir deixar el projecte va ser la Laila. En aquella època, Can Putades només era el nostre entreteniment i *hobbie*, pel que mai va poder veure-ho com una feina. En el moment que encara érem 5, res ens deia que podríem viure d'això. Érem només 5 noies que estàvem creixent i ens avorríem perquè no podíem sortir de casa com volíem.

Després que marxés d'Erasmus, totes sabíem que no tornaria a Barcelona i tampoc a Can Putades. Ens va fer pena, però enteníem que el seu lloc era a la Garrotxa i que tenia altres plans i objectius.

Les altres 4 vam seguir al pis, però arriba un moment, EL moment, en què ja no és imprescindible ser-hi. Sabíem que la Berta no tenia al cap la mateixa opció que les altres. Ella sí que volia tornar a casa i buscar feina del que havia estudiat (disseny; contracteu-la, és molt bona). I sincerament, en el moment en què ens ho va comunicar, vam sentir com si algú ens hagués tirat un gerro d'aigua freda, sense avisar, per sobre. Cap de les 3 oblidarem on érem quan vam rebre un text d'aquells de WhatsApp que has de clicar "llegir més...".

No direm que ens ho esperàvem, perquè no. Potser vam creure que totes voldríem el mateix i que estàvem en el mateix punt quan, òbviament, no era així. I va ser dur acceptar que marxaria del pis i que també de Can Putades, és a dir, que deixava el projecte que havíem criat i fet créixer juntes.

Les setmanes següents van costar, no us mentirem. Vam sentir en algun moment que no funcionaria sent tres, que ja no agradaríem i que potser ho hauríem d'acabar deixant totes. També vam intentar, sense èxit, convèncer la Berta perquè tornés.

I les circumstàncies del moment no hi ajudaven: era estiu i cada una treballava en un lloc diferent, ens vèiem poc i quan ho fèiem era per organitzar el contingut i gravar-lo.

Fins que vam decidir que necessitàvem fer un *stage*, com nosaltres li diem: dos dies de treball intensiu per parlar de tot el que ens preocupava i de com podíem enfocar el projecte. Vam obrir-nos i vam acceptar que havia set un cop dur però que ens en sortiríem. I així ho vam fer.

Aquest fet ens va fer aprendre moltes coses. Al final no pots creure que tothom del teu voltant actuarà, pensarà i voldrà el mateix que tu, amb les teves mateixes forces.

Saber que una cosa no t'omple com abans, que en vols fer d'altres i apostar pels teus somnis i lluitar per aconseguir els teus propòsits, també és de valents, i la Berta ho va ser, i ho continua sent.

Amb els mesos vam veure que era el millor que ens podia passar. Que separar-se no significa que l'amistat es trenqui; a vegades és tot el contrari.

Els nostres camins ja no segueixen de costat, però totes sabem que ens tenim les unes a les altres com el primer dia.

1 Tingues mínimament clar a qui i a on vols arribar. Conèixer el teu públic t'ajudarà a crear contingut més específic. Recorda que les xarxes són el currículum del segle XXI (tot el que facis quedarà allà per demostrar tot el que saps fer i de què ets capaç).

2 La CONSTÀNCIA és clau; estableix una rutina. Un cop comencis, no paris. No cal penjar un vídeo cada dia però assegura't que setmanalment hi hagi noves publicacions. I sobretot: no et frustris si no veus els resultats que esperes a la primera de canvi.

3 Quan un projecte és compartit, sempre suma. I ho diem per experiència, encara que hi pugui haver opinions diferents entre els participants, les diferents visions perfeccionaran el contingut. Compartir és viure i viure és estimar. Millor tres caps que un.

4 Fes allò que més t'agrada, quan parles del que és la teva passió es nota. Fes que sigui el teu *hobbie*, alguna cosa amb què t'ho passes bé i gaudeixes dels processos (pensar, fer, editar...); així, si mai es converteix en feina, serà de puta mare, i si no, t'ho hauràs passat bé fent-ho.

5 Experimenta amb diferents formats. No t'encasellis amb la primera cosa que facis, prova diferents versions fins que trobis la que et sents més còmode i més orgullós.

ELS 10 MANAMENTS
PER COMENÇAR UN PROJECTE A XARXES SOCIALS

6 **Aprèn dels altres. Inspira't.** Observa altres creadors que admires i pensa com podries aplicar algunes de les seves estratègies al teu projecte, però...

7 **Mantingues la teva autenticitat.** Per molt que tinguis referents, sigues tu mateix i no intentis calcar altres formats. La teva autenticitat és el que et farà destacar, encara que la teva idea parteixi de la d'algú altre.

8 **Interactua amb la teva audiència.** No cal que siguin els teus millors amics, però respon els comentaris i missatges per fer-ho tot més proper. Anima els teus seguidors a participar per tal de crear comunitat.

9 **No cal ser un _teletubbie_.** Les persones tenim dies bons i dolents. No passa res si ho mostres a les xarxes, ja que pot fer que la teva audiència se senti més connectada amb tu. Tot i així, no cal excedir-se sent un penes. Explica-ho des de l'humor i busca la part positiva de les coses (com tot a la vida).

10 **Estigues obert a la retroalimentació.** Accepta les crítiques constructives i utilitza-les per millorar el teu contingut. Però si algú t'insulta o diu alguna cosa que no és veritat, no et tallis i respon des del respecte (o no, depèn del que es mereixi).

D'AMIGUES A GERMANES

Fa 4 anys que, amb la motxilla ben plena d'il·lusions i somnis, vam deixar la nostra petita bombolla buscant noves experiències i créixer. Sabíem que viuríem moltes coses i que aquesta etapa ens quedaria gravada per sempre, però mai, mai, ens haguéssim imaginat que seria comparable al que hem viscut. Ens hem estimat molt, ens hem enamorat, ens han trencat el cor i també l'hem trencat. Hem rigut fins que l'estómac ens ha fet mal i hem plorat més del que ens agradaria. Ens hem il·lusionat per les coses bones que ens passaven i hem set els braços necessaris quan una cosa no ha sortit com esperàvem. Hem viatjat, hem conegut països nous i cultures diferents. Hem passat una pandèmia juntes, hem vist com estàvem creixent i cada una anava agafant el seu camí i, tot i així, sempre hem anat agafades de la mà per molts quilòmetres que ens separessin. Hem desfet vincles amb persones que pensàvem que hi serien per sempre i n'hem fet de nous amb d'altres que ens semblava impossible. Hem somiat, volat d'il·lusions i esperances així com hem ajudat a tocar de peus a terra quan ha

set necessari. Hem arribat a sentir el dolor i la felicitat de l'altra com si fos pròpia. Hem ajudat a estimar-nos i explicar, compartir i obrir el cor. Hem sabut ressaltar les nostres habilitats i virtuts, com també hem intentat tenir una relació sana amb les nostres manies i defectes.

Som com som a dia d'avui per tot el que hem viscut aquests anys —també per totes les putades— i estem convençudes que aquests anys els recordarem per sempre així com també seran els que explicarem als nostres fills i, ara que s'acaba aquesta etapa, l'etapa universitària, ens omplen una barreja d'emocions que costa explicar. Estem contentes per les coses que vindran i perquè seguirem juntes però, alhora, saber que ens estem fent grans és una cosa que no sempre portem gaire bé, i és aquest un dels motius pels que hem decidit quedar-nos a Can Putades una mica més, per viure aquest procés de després de la universitat juntes. Diuen que els amics són la família que esculls i nosaltres en portem molts escollint-nos cada dia. Hem construït una família, la nostra pròpia família. I qui hagi vingut ho sap, que a Can Putades sempre hi haurà una porta oberta. Can Putades som nosaltres, som totes les persones que han passat per la nostra vida aquests anys i ens han acompanyat, amb els qui podem compartir records, encara que siguin pocs. Can Putades sempre serà casa nostra, el nostre lloc segur i, per descomptat, també sereu tots vosaltres.

Aquest és un dels textos que més ens representa i amb el que més ens hem obert a xarxes. També és la clara demostració de com et pot canviar la vida i de com allò que un dia havies cregut que era impensable, un altre dia pot arribar a ser la teva primera opció i prioritat.

Ho vam escriure quan les quatre integrants de Can Putades ens vam veure graduades i amb una vida adulta per endavant.

Com ja hem dit mil vegades, quan vam començar a viure a Barcelona, en cap moment vam plantejar quedar-nos-hi un cop acabéssim la carrera. Estàvem emmarranades que la vida ideal era allà, a la Garrotxa. Una vida tranquil·la i envoltada de verd. I encara que seguim pensant el mateix, ara mateix no és ni el moment ni el lloc on volem ser.

Créixer és obrir els ulls, poder dir "estava equivocada", baixar del burro i adaptar-te a les noves situacions.

Aquí comença una nova etapa estimant Barcelona i la seva gent, sentint-nos més adultes que mai, i aprenent a gestionar la vida després de la universitat.

I <3 BCN

I us preguntareu què ha canviat tant per voler-nos quedar a Barcelona. La veritat és que no gaire res, però ens agafem les coses d'una altra manera.

Aquell pensament que viure a la ciutat només era una etapa, va marxar. Ara sentim que és L'ETAPA. La nostra etapa. I que si no la vivim nosaltres no ho farà ningú. Tampoc direm que aniríem enrere en el temps i ens aixecaríem del sofà, perquè en aquell moment era el que ens feia felices i amb ben poc en teníem prou. Potser havíem de créixer? És clar que havíem de créixer.

Tampoc us penseu que hem deixat el sofà enrere, eh! Encara tenim feina per no quedar-nos-hi allà atrapades. Ara ja no anem al Bar Miki, perquè va tancar; anem al del costat que és un xinès de barri, el millor bar del món: l'Aquí Em Quedo. Però la feina que tenim va ser el que va fer-nos canviar la perspectiva de la ciutat.

I és que... és clar que la nostra feina ens ha obert portes a molts llocs on probablement mai haguéssim entrat, perquè no ens cridaven l'atenció o simplement perquè no teníem diners ni per plantejar-nos d'anar-hi.

D'aquesta manera hem pogut conèixer una altra part de la ciutat que avui estimem. Segurament més cosmopolita, més *pija*, menys autèntica, més instagramejable, menys de barri, però aquesta ha estat la nostra Barcelona.

Hem pogut anar a esdeveniments que s'han fet en teatres, bars, cinemes, camps de futbol i restaurants. Ens hem vestit d'etiqueta i hem corregut a comprar roba de persones serioses perquè havíem llegit a última hora el missatge d'"aquest esdeveniment té *dress-code* de gala, no es pot entrar amb texans". Hem flipat visitant el Poble Espanyol (LOL un poble dins de Barcelona, en quin moment) o hem sentit que gairebé ens segrestaven anant amb autobús per la Zona Franca (un barri realment *malrollós*) anant a jugar un partit de la Kings League.

LA FESTA

Però serem honestes, i és que la majoria d'aquests llocs que us diem han estat festivals. I ostres, per nosaltres de veritat que va ser una experiència massa impressionant anar a tots aquests llocs "de modernes". No hem set mai persones que la nostra prioritat hagi sigut estalviar diners per anar a un festival, ni "emergent" ni el tipiquíssim d'estiu a Barcelona. No perquè no ens agradi la música, sinó perquè si volíem sortir de festa ja podíem fer-ho de manera gratuïta cada cap de setmana a les festes majors dels pobles de la Garrotxa. I sent sinceres, és probable que ens ho haguem passat millor a la Festa Major de Montagut que a alguns d'aquests festivals tan ben parits, però perquè són coses que no tenen res a veure les unes amb les altres.

Les festes de poble, PER NOSALTRES, són: ballar i cantar els millors temes que et posa el DJ del poble (que pot ser perfectament el teu veí i et sents amb el dret d'escridassar-lo per dir que posi "Danza kuduro" i així fer el ball de final de curs de 4t d'ESO amb les amigues del col·le), trobar-te tots els teus exs en una nit, socialitzar amb tots els típics personatges que et trobes a cada festa (personatges com no-

saltres, vaja), fer marranades amb el teu nou *ligue* entre els arbres del bosc del costat, barallar-te per pujar al bus que et porta d'Olot al poble i del poble a Olot (en cas que no tinguis carnet o decideixis no *pillar* cotxe) o ser la reina del *parquineo* si has decidit que et solidaritzaràs amb les teves amigues, no beuràs i les portaràs a casa encabat el matineig (*mañaneo*), que també és obligatori.

Els festivals, per altra banda, són: conèixer grups de música nous i tornar a casa amb la necessitat d'escoltar tota la seva discografia i, per contra, no suportar el directe d'aquell que tant t'agradava i treure totes les cançons de la llista de "m'agrades" de Spotify, conèixer gent nova amb qui et faràs amiga però no tornaràs a veure mai i no sabràs si deixar o no de seguir l'Instagram, lligar amb un noi i portar-lo al pis, veure aquells llocs emblemàtics però amb la llum de les 6 del matí (sempre ho fa tot més bonic), estar tranquil·lament una hora per trobar un taxi que et reculli i que te l'acabin robant unes guiris.

En general, coses que amb una economia d'estudiant era impossible. I som conscients que aquesta perspectiva que avui podem explicar i viure és molt privilegiada, ja només pel fet d'haver aconseguit anar com a periodistes a veure una de les nostres cantants preferides, Bad Gyal, us ho diem tot.

Probablement totes aquestes coses ens han fet valorar més aquesta gran ciutat i veure-la amb uns altres ulls, però sabem que no només ha estat això.

TENIR AMICS

Barcelona ens ha donat noves relacions, d'amistat i d'amor, hem conegut molta gent diferent amb pensaments, a vegades contraris, però que d'alguna manera ens han ajudat en el procés de créixer i fer-nos grans. Ja que hem après a debatre, a tenir opinions diferents però saber escoltar i no jutjar.

Valorem molt les amistats que hem acabat construint aquí, la majoria les hem creat a partir d'anar a llocs i haver de fer activitats amb altres persones que només havíem vist a través de la pantalla, ja sigui jugar a futbol, anar a una festival o coincidir en una taula rodona.

És ben parit trobar-te persones que només intercanviant dues paraules veus que podríeu ser amics, amb les que connectes al cap de pocs minuts, i al cap d'uns mesos estàs celebrant el seu aniversari en un poble *random* de Catalunya que abans de conèixer-lo no sabries ni posar en el mapa.

I què vols que et digui, tenir gent de puta mare amb qui anar un dimecres a la tarda a fer una birra a Gràcia fa apreciar encara més aquesta ciutat i el fet de poder viure aquí. De fet, volem viure aquí també per tenir aquestes persones a prop.

Una cosa que ens ha agradat de Barcelona des que vam arribar és l'anonimat. Potser que diguem això ara sembla una paradoxa, però tampoc som la Beyonce i sempre hem sentit que aquí teníem una llibertat que als pobles no existeix. Allà sempre s'han de donar unes explicacions: que com és que vas arribar a les 7 del matí a casa o per què t'han vist amb aquell noi que en teoria no us portàveu bé, etc. Que aquí, per coneguda que siguis, no et passarà mai.

De la mateixa manera, amb la manera de vestir, de fer i de relacionar-te. "Nena, on vas tan fresca?", "de tota la vida s'ha dit que el verd i el blau fan babau" són comentaris que no sentirem mai a la ciutat.

A NINGÚ LI IMPORTA

Barcelona té vida ella sola. Mai podràs dir que t'avorreixes. A veure, és clar que tens dret a dir-ho, però plans sempre n'hi haurà, de gratuïts i d'haver de gastar diners, a cada cantonada.

Al poble fan una obra de teatre a l'any (*Els Pastorets*) i encara gràcies, i a Barcelona mai acabaries de veure-les totes. Els bars sembla que mai tanquin, hi ha totes les extraescolars del món, les botigues que vulguis amb tots els estils que existeixen i, si creus que ja ho has fet tot, fes un *free tour* que segur que descobriràs coses que molts guiris ja sabien.

Però el que realment més ens agrada de Barcelona i més ens ha fet canviar la manera com la veiem, ha estat la independència que ens ha donat i com ens ha fet obrir la ment. Encara que tenim els pares a darrere per si passa alguna cosa, ens hem hagut d'espavilar. Aprendre com es manté una casa, com alimentar-te per estar saludable, hem après a fer tràmits dels pesats, demanar hora al metge o a passar la ITV i, en general, a viure de manera independent. Tot i que a vegades encara ara desitjaríem no tenir preocupacions i que la mama ens ho solucionés tot.

I quan diem obrir la ment, ens referim a poder estar tranquil, trobar fàcilment la teva personalitat i expressar-te com vols i sents en cada moment sense tenir en compte què diran i sense patir per què li diran a la teva àvia. A més d'entendre i acceptar la dels altres.

Nosaltres també hem set de les que opinàvem de les persones que sortien una mica de la normalitat. Aquella nena que portava un *outfit* massa modern per anar per Olot o aquell nen que havia *pillat* un pet *tremendo* el cap de setmana passat. Aquí tens un espai on poder, a poc a poc, obrir-te, trobar el teu lloc i la teva gent perquè hi ha tots els grups i estils diferents per trobar-ne un on encaixar.

Així que sí: a dia d'avui, podem dir que ens agrada Barcelona (potser molts ja ho havíeu notat). Però cal ser realistes, i és que segurament ens agrada i ens hi sentim a gust perquè tenim un complement, tenim un altre lloc on anar. Sabem que podem tornar a CASA, a la Garrotxa, sempre que vulguem i que sempre tindrem uns braços esperant-nos.

LA VIDA ADULTA, PERÒ JUNTES

El setembre del 2023, després d'haver decidit que ens quedem a Barcelona i que anirem totes a una per aixecar Can Putades i poder arribar a dedicar-nos a això, ens comencen a arribar ofertes que ens fan pensar "ep, potser algun dia el nostre somni de viure d'això podria ser més aviat realitat".

PER QUÈ NINGÚ HA ESTUDIAT MÀRQUETING I PUBLICITAT?

Teníem 20 mil seguidors i semblava que la cosa anava de debò i que, *joder*, potser sí que finalment podríem dedicar-nos al que va començar com una broma. Tots aquells dies dient "va, ties, no parem, que pot ser la nostra feina" semblava que arribaven? Estava passant? Uau! Doncs potser tocava deixar-nos d'inventar els preus de les promocions (que ens ho patillàvem segons el que crèiem que ens podrien pagar) i començar a fer les coses amb algú professional i que hi entengués una mica.

Va ser quan vam començar a demanar a la gent de confiança que havíem conegut en aquest *mundillo* a veure què creien ells i si coneixien alguna agència o alguna persona que s'hi dediqués. Però sobretot: no

volíem algú qualsevol. Algú que ens volgués per fer diners i fos un tracte impersonal. El que ens feia més por era perdre el control del que havíem construït fins aquell moment.

Va ser quan vam conèixer l'Anna. Una noia catalana que vivia a Madrid, artista i PR que portava la representació de tota una colla d'artistes (cantants, actors, *influencers*, etc.). Ens va dir alguna cosa tipus que estava molt enfeinada i que la seva agència estava bastant plena però que "farem coses guais, noies, alguna cosa em diu que arribarem lluny".

En el moment que va penjar una foto nostra ens vam sentir molt i molt fora de lloc. Que la nostra cara estigués al costat de persones realment conegudes, com per exemple en Helsinki de *La casa de papel*, ens va fer pensar que si ella ho veia tan clar, devia ser per alguna cosa.

"DEJEN PASAR A LAS PERIODISTAS"

Tot va començar quan un dia vam rebre un missatge que ens deia:

Hola, noies! Soc en Jofre, del Nacional.cat. Ens agradaria reunir-nos amb vosaltres per fer-vos una proposta.

Una proposta? D'un diari? Ostres nenes, però què volen que fem aquesta gent si mai hem sortit del nostre pis a fer res?

I periodistes? OK que la Joana ho havia estudiat, però això d'aprendre un ofici nou ens venia de feia dos dies.

Ens van estar escrivint uns quants dies per fer una videotrucada i nosaltres en aquell moment no enteníem per què no ens podien fer un àudio i ja està. (Coses del món dels adults: haver de fer videotrucades per a tot.)

Però bé, que finalment un dia ens hi reunim i ens diuen que volen fer alguna cosa amb nosaltres, setmanalment o mensualment, poder fer alguna acció compartida no sé què. L'hi vam explicar a l'Anna i ella es va posar a parlar amb ells sobre aquest nou projecte possible. I un dia, ens fa un àudio al grup que tenim ella i totes tres dient-nos que els ha proposat que féssim de reporteres a catifes vermelles i esdeveniments que ens vinguessin de gust amb "micro en mà".

I... ualah!, vist en perspectiva pot molar molt i acceptar de seguida, però per nosaltres era una cosa que ens feia molt molt de respecte i ansietat i nervis i responsabilitat i bofff, moltes emocions, però sobretot por.

I també aquell sentiment intrusiu de la síndrome de l'impostor, tant per a les que no havíem estudiat periodisme com per a la Joana, que se sentia responsable de ser l'única que sí que ho havia cursat. Però l'Anna ens va animar de seguida dient-nos que ens hi veia i que ho faríem superbé, a part que ens aniria bé tocar altres tecles a banda de les xarxes.

I dit i fet. És octubre de 2023 i ens ofereixen el nostre primer <3 sou fix <3: cobrir 3 accions al mes dels esdeveniments que escollim: concerts, trobades, partits de futbol, *redcarpets*, premis de música i cutura, etc. Per nosaltres això és un somni i, per primer cop, sentim que els esforços i la constància que hem tingut durant gairebé tres anys estan tenint els seus fruits.

El nostre primer dia de feina va ser d'aquells que diries "por todo lo alto". No podia ser alguna cosa senzilleta i humil, *tipo* les festes de la Mercè, no. Havíem de cobrir la *redcarpet* dels premis Ondas...

Ens hauríeu d'haver vist en el moment de preparar la peça. Què els preguntem? Com ho gravem? Ens faran cas? A veure, anem a mirar qui hi haurà. QUÈEE?????? Ibai Llanos, Úrsula Corberó, Àlex Monner!!!! Vam anar a comprar un *outfit* per a l'ocasió. No teníem absolutament res per posar-nos. Una cosa una mica seriosa, però desenfada-da, però de gala...

El dia no arribava i els nervis anaven cap amunt, fins que finalment va ser el moment de pujar al taxi. Literalment anàvem les tres mirant el guió que ens havíem preparat, calladíssimes. Un silenci absolut va regnar en tot el trajecte i es con-traposava amb les emocions que estàvem a punt de viure.

I au, arribem allà, demanem les acreditacions i pum, ho fem, i al cap d'unes hores ja tornàvem a ser al taxi. *SHOKEADAS*, emocio-nades, orgulloses de nosaltres mateixes. Ara recordem amb *cari-nyo* la nostra inexpertesa d'aquells primers dies: ens havíem preparat un total de 20 PREGUNTES per persona com si tinguéssim una entrevista privada amb cadas-cú. Pobres il·luses!, haha. Però l'endemà ja estava fet i publicat, i nosaltres ja estàvem dins la roda.

El millor va ser que ja no havíem de dir "som les tiktokers"; ja po-díem dir "som les periodistes". La connotació i el prestigi que té una paraula envers l'altra ens ha fet sentir unes reines moltes vegades.

Per exemple, el dia que el senyor d'un pàrquing va començar a apar-tar tots els cotxes cridant "dejen pasar a las periodistas". Havíem

anat a cobrir la Quina de Bescanó, de les quines més boges que s'or-ganitzen per terres gironines. Ens havien guardat un pàrquing prop de l'entrada i, quan l'encarregat de gestionar els cotxes va saber que érem "LES PERIODISTES", va fer moure absolutament tothom de la cua perquè passéssim. Mai ningú hauria fet això per unes tiktokers ;)

SOMNI COMPLERT

I un dia ens van escriure des del canal jove de 3Cat, Som Eva, dient que tenien ganes de parlar amb nosaltres. Ja feia temps que vèiem coses que feien amb altres crea-dors de contingut i vam dir: uah, ties, ara sí, és el nostre moment.

Ja us ho havíem explicat una mi-queta però anem uns mesos enrere: abans que la Joana tornés a anar al Brasil per segona vegada ja pen-sàvem en fer un pòdcast. Teníem moltes idees i pensaments però la situació de cadascuna no feia viable tirar el projecte endavant. La nostra autoestima també va ser un detonant, i ens dèiem a nosaltres mateixes: "*caris*, pro qui us penseu que sou?", "a qui collons li importa la vostra opinió?".

Amb la Joana al Brasil i la Berta més fora que dins, la Núria i l'Ona ens havíem posat a maquinar un pòdcast per fer-lo soles. Havíem parlat moltes vegades amb l'Albert tot fent la birra per explicar-li el projecte i les idees que teníem, polint una escaleta i pensant els noms de les seccions i del pòdcast. S'havia de dir NOMÉS VERITATS (que xules, no?). Fora conyes, estava bastant encaminat.

Total, que passen els mesos i ens trobem les tres estupendes que som ara amb aquest missatge de Som Eva de "fem alguna cosa". La nostra resposta? ÒBVIAMENT, SÍ.

Ens hi vam posar *a full*, altra vegada, rascant idees de la primera idea del pòdcast i de només veritats. Altra vegada, les tres i l'Albert, amb una canya a la mà i un boli a l'altra, a l'Aquí Em Quedo maquinant-ho tot. I com li diem? L'hora del marro? L'hora del pati? No cardis? Potser som mandroses amb moltes coses, però aterrant les idees a un paper i donant forma a un projecte tant és que ens hi estiguem 10 minuts com 10 h, que no ens cansa perfeccionar cada detall.

I és que anàvem tan i tan preparades que, quan vam quedar amb els de Som Eva a la terrassa del bar del Macba, no portàvem ni deu minuts de cafè que ja els parlàvem de la tercera secció del nostre FASTcast.

Marxen. Ens quedem soles a aquella terrassa. TIES, SEMBLA QUE

ELS HI HA MOLAT, NO? Riure de nervis i plorera màxima. De veritat, la Joana i la Núria van plorar. L'Ona ho volia però les llàgrimes no van voler baixar en aquell moment. Va ser una cosa que ens va donar una empenta gegant.

Ens posem a treballar en això sense saber per on començar. Sessió de fotos, escollir-ne una. Explicar com vols que sigui el logo i parlar amb un dissenyador i tot allò per fer, guions per primera vegada, seure allà les tres i fer un pòdcast. Amb persones mirant. Gravant-nos.

La nostra vida fa una volta de 180°. Ens trobem amb un pis redecorat, fent allò que tant de temps esperàvem, podent escollir què volem fer i què no, i sentint que, dins tot aquest món de les xarxes socials i creadors de contingut en català, som algú.

Rodem una primera temporada de 15 episodis de 35 minuts, a casa nostra. Confien en nosaltres més del que ho fem nosaltres mateixes i ens donen l'oportunitat de parlar de temes que ens preocupen: d'amistat, d'amor, de relacions, d'estudis...

I sortim totalment de la nostra zona de confort, aprenem a deixar de tenir nervis quan hi ha 3 càmeres gegants gravant-nos i ens deixem anar, tant com podem. A vegades acabem dient coses que després pensem i és com "fuà, que això ho pot veure la nena aquella o la meva iaia", però ja està fet.

Però hi ha una por constant a sentir que nosaltres no hem fet mai això i la lluita constant de sentir que la feina que fem no és suficient, que podria ser més bona, que podríem millorar aquella cosa, que allò no s'hauria d'haver dit i allò altre sí però en el moment no hi vas pensar...

Recordem el primer episodi com si fos avui, els nervis de l'inici, com ens travàvem. I quan vam acabar sentíem que havíem gastat tota l'energia del mes, teníem un mal de cap enorme. Ara en podem fer dos en un dia i després anar a un esdeveniment i gravar una *promo*. Això ens fa veure com hem crescut i tot el que hem après.

La vida va tan ràpid que no tens temps a parar i mirar el paisatge.

Això és una cosa que a nosaltres ens ha passat en molts moments diferents i el pòdcast n'és un. De cop tenir un micro a la mà no és tan estrany i tenir una càmera davant ja no et cohibeix, inclús a vegades t'has de controlar perquè tampoc cal explicar segons què (o sí).

Dels millors records fent el pòdcast va ser quan l'Albert, el nostre àngel de la guarda, ens va dir que seria pare. O quan l'Erol, un dels càmeres, ens posava una cançó que havia fet i la cantàvem tots per animar-nos abans de cada episodi.

A més, gravar aquest pòdcast ens ha regalat moments únics, sobretot aquesta segona temporada. Com poder portar convidats especials, en concret, les nostres mares. Ha estat el millor episodi que hem gravat mai, no només pel que diem, sinó per l'especial que va ser. Ajuntar-les a totes, ensenyar com funciona la producció i tot el que hi ha rere càmeres. La il·lusió que poguessin viure aquell moment amb nosaltres sabent que quedaria guardat per sempre, no només al nostre cor.

A més, un afegit també d'aquesta nova temporada, sens dubte, ha estat el fet de poder sortir del nostre pis, de poder anar a llocs importants per nosaltres, que d'alguna manera ens representen. Viatjar per Catalunya amb tot l'equip ha estat increïble.

TIT IL QUI NI S'IXPLIQUI DI LIS XIRXIS SICIILS

Les xarxes socials ens han donat, com a societat, la capacitat de poder arribar a qualsevol persona del món amb una mil·lèsima de segon, amb un sol clic. Això ha permès, per exemple, que una notícia faci la volta al món en menys temps del que tardes a pestanyejar. No hi ha filtres, tothom pot dir-hi la seva, tothom pot compartir experiències, pensaments, crítiques, propostes de millora o denúncies.

Tothom és lliure de dir el que vulgui i quan vulgui, bo, dolent, educatiu o contraproduent. Fent un vídeo, un tuit, penjant una història a Instagram, en un comentari... Hi ha tants o més usuaris com persones, amb deu mil ideologies, religions, valors i opinions, igual que personalitats. Hi ha gent bona, dolenta i pitjor, i això sols és un reflex de la nostra societat.

Les xarxes socials tenen una part molt perillosa i fosca que implica que una informació falsa s'escampi pel món i la població se la cregui. A més, com que encara no hi ha lleis regulades ens trobem amb vulneracions recurrents de drets humans, sobreexplotació de menors, *cyberbullying*, xarxes de pedòfils, assetjadors i violadors.

L'assetjament, crítiques i lapidació a xarxes socials és a l'ordre del dia i nosaltres, que d'alguna manera ho hem viscut en diferents moments durant aquests anys, ara ens veiem amb la necessitat d'explicar des del nostre punt de vista com ho hem viscut i com ho vivim i sentim com a "personatges públics".

MORRUDA, LA VACA

Ens sap greu que la gent posi en dubte la feina que fem o que inclús consideri que el que fem no és un treball. No obstant, també entenem que, pel fet que sigui una feina relativament nova, puguin sorgir dubtes o que costi comprendre que hi hagi gent que es guanyi la vida creant contingut per xarxes socials, entre moltes altres coses.

treballar: Fer un esforç continuat, físic o mental, en execució d'alguna cosa, especialment pel guany que s'obté o per l'obligació del càrrec o de la professió.

Amb això, el que volem explicar és que mai ningú ens ha regalat res. No tenim ni un pare ni una mare amb poder per col·locar-nos en cap lloc. Venim de les famílies més normals del món, hem tingut una infància semblant a la de qualsevol nena de poble i, dins del privilegi amb què hem crescut, perquè mai hem passat gana, no ens han sortit mai els diners per les orelles.

Tot el que hem aconseguit i a on hem arribat ho hem fet amb moltíssim esforç, perseverança i constància. Durant tres anys vam estar penjant contingut diàriament sense rebre cap tipus d'ingrés a canvi.

A dia d'avui, tenim la sort de poder dedicar-nos a crear contingut en català, a diversos espais, i també de tenir l'oportunitat que ens convidin a llocs i que les marques confïïn en nosaltres i ens regalin els seus productes perquè els promocionem i així hi hagi una reciprocitat i un *win win*.

Però ni tenim "molta tela" ni menys encara "molt de morro". El que és, és que som unes tossudes i mai hem parat. I el que no hem tingut és vergonya, sobretot quan vam començar i ningú confiava en nosaltres, quan al poble érem les motivades que fan vídeos i ens seguien 4 gats (gràcies a aquests 4).

HATERS

Tenir una persona que mostra negativitat i odi a qualsevol cosa que passa al teu voltant és una putada. En teniu alguna a la vostra vida? Nosaltres per sort no, però a les xarxes els hem conegut. Són els *haters*.

Aquells que es dediquen a dir merdes de les persones (siguin veritat o no), els que insulten a tort i a dret a gent que no coneixen ni tenen intenció de saber alguna cosa de la seva vida, només perquè un tall de vídeo on s'hi exposava una opinió que no els ha semblat bé i han decidit que canalitzarien la seva ràbia intentant ferir a algú. O no, potser només per tocar els collons. I el que és millor (per ells), sense necessitat de donar la cara.

Al final, després de tres anys publicant contingut per xarxes, vam acabar obtenint el somni de qualsevol grup d'amigues als 20-i-pocs anys: treballar juntes en una feina que et permet guanyar experiències que moltes vegades no pots ni pagar amb diners.

Cadascuna té la seva personalitat i les seves aficions, per això hi ha coses que ens han flipat més a unes que d'altres. Però intentem viure-ho tot sempre amb la il·lusió del primer dia, agraïdes però també conscients que no sabem quan pot acabar-se tot això. Però també, en molts moments d'aquesta història, ens hem sentit perdudes.

No és fàcil estar exposat constantment i que persones que ni coneixes opinin de la teva vida i, com tot, cadascuna ho ha viscut de maneres diferents.

Al principi recordo que no m'importava massa, sempre deia "i a mi què el que digui de mi algú que no em coneix, a mi el que m'afecta és l'opinió de la gent que estimo". Ara ja no és tan així, ja que com més repercussió hem tingut més m'han afectat els comentaris despectius, encara que segueixin prevalent els comentaris de la meva gent. El més difícil és intentar trobar la balança entre llegir els comentaris per veure què diu la gent i respondre'n algun de positiu. Tinc la mala mania de revisar les notificacions de Can Putades de bon matí i a vegades he llegit comentaris de bon dia molt desagradables. De fet, durant una època vaig ser prou militant obrint per privat a persones que ens comentaven missatges negatius per fer-los veure que no s'havia de ser un *hater* i tots acabaven demanant perdó.

Mai saps com t'afectarà un comentari, a vegades n'hi ha de més forts que et són absolutament igual i, a vegades, un dia t'aixeques malament, llegeixes una tonteria que algú ha comentat i et gira mig dia enlaire. Generalment, intento que en lloc que m'afectin em facin pena, intento pensar què els ha passat perquè a les 8 del matí es posin a escriure un paràgraf llarguíssim de per què no valem res i ens hauríem d'extingir. Em sorprèn la facilitat que tenen algunes persones per insultar i faltar al respecte a algú que ni coneixes. Però no puc dir que em sigui igual, no és agradable i al final és saber trobar l'entremig en què t'afectin el just per continuar i ser més valent i fort, i si pots comptar amb ajuda d'algun expert encara millor.

El fet que hi hagi comentaris dolents i despectius a les xarxes és una cosa que m'he posat al cap des que vam començar. El que sí que m'ha costat més és pensar que la meva família els llegeix i que segurament no fan el mateix que jo: passar del tema i pensar que simplement són gent podrida per dins amb ganes de deixar una mica de merda escampada. Perquè personalment no m'afecta que quatre persones que no saben res de mi em diguin que soc tonta o que m'equivoco amb el que dic o faig, però que la meva família pugui llegir aquests comentaris no m'agrada. O a tu t'agradaria veure com comenten a la teva mare, germana o filla coses com: desgraciada, inútil, que no té neurones o que és una prostituta?

COM NO SER-HO

Fins i tot a nosaltres mateixes ens ha calgut fer una autoanàlisi del nostre comportament com a usuàries a xarxes. És possible que abans de ser creadores de contingut ens haguéssim trobat en la posició del *hater*, però després d'haver-ho viscut en primera persona us convidem a fer aquesta autoanàlisi a vosaltres mateixos.

Abans de comentar el que sigui en aquestes plataformes, pregunteu-vos: aportarà alguna cosa?

Ser un bon usuari de les xarxes socials implica seguir algunes pautes bàsiques de respecte i responsabilitat: evitar insults o comentaris despectius cap als altres, fins i tot quan no compartim les mateixes opinions (que, per cert, és supercomú en aquests espais).

Cal recordar que darrere de cada perfil hi ha una persona de carn i ossos, amb els seus sentiments, la seva vida i els seus problemes. Quan fem comentaris, és important pensar en l'impacte que poden tenir. Ens cal realment descarregar el nostre malestar personal amb comentaris negatius o innecessaris?

Per acabar, un bon consell: posar-se límits d'ús de les xarxes ajuda a mantenir un bon equilibri entre el món digital i la vida real.

Nosaltres, per exemple, ens vam adonar de la quantitat d'hores que passàvem en línia quan ens vam posar un límit. El dia que a les 11 del matí ens va saltar l'alarma de "ja has passat suficients hores amb el mòbil" vam dir "ups...".

MÉS INSEGURES QUE MAI

Més enllà dels maleducats, moltes vegades, el pitjor *hater* ets tu mateix.

Quina vergonya que fas, sembles estúpida, no saps parlar, que mal vestida, que mal maquillada, que lletja, això ho hagués fet millor qualsevol persona menys tu, què hi pinto aquí, no m'agrado gens, no m'agrada el meu to de veu, no m'agrado quan ric...

PROU. Sembla estrany com ens arribem a boicotejar a nosaltres mateixos. Moltes vegades sense massa intenció de fer-nos mal, però, sense voler-ho, ens diem coses tan destructives que poden deixar ferides, i es van fent grosses...

El fet d'ensenyar la cara gairebé cada dia, estar "visibles" com diem nosaltres, ens va fer acabar aprenent que hi hauria dies de tot. Alguns et veuràs preciosa, d'altres el contrari. I voler estar perfectes diàriament és impossible.

A sobre anem a esdeveniments on ens fa la sensació que només hi ha gent perfecta, que va vestida de les millors marques, pentinats de perruqueria, dents blanques, llavis grossos, pell perfecta... I darrere nosaltres, que sentim que mai estem a l'altura, amb zero idea de moda, de maquillatge i perruqueria (amb prou feines ens fem un *cleanlook*).

Però durant la setmana anàvem tan a pinyó fix que no vèiem què passava, ni tampoc ens assèiem a parlar-ne. Converses que abans haguéssim tingut tranquil·lament, no les teníem, "no sigui cas que encomani aquest sentiment a les meves amigues". I, per tant, no vèiem que les 3 patíem, cadascuna amb les seves inseguretats.

IMPOSTORES

Sis anys enrere, ni ens plantejàvem que el nostre somni pogués ser fer un pòdcast juntes i poder portar gent convidada a parlar de les coses que ens interessaven. No havia set mai anar a esdeveniments i cobrir-los per un mitjà digital. Tampoc havia set escriure un llibre, ni que poguéssim viure de crear contingut, ni presentar els premis de comunicació de la Generalitat.

Per tant, aconseguir totes aquestes fites sense un esforç premeditat per aconseguir-ho, què implicava? Totes, en algun moment o altre, ens vam bloquejar, anàvem amb el pilot automàtic sense saber massa què estàvem fent o com arribem a un punt alt de rellevància, però per baixa autoestima penses que no ets tan brillant.

Teníem molts pensaments intrusius: com és que hi ha gent que porta tota la vida formant-se i fent mans i mànigues per dedicar-se al que nosaltres hem aconseguit "de rebot", sense haver *currat* per un objectiu, sense experiència? Qui t'ha deixat entrevistar, si no tens estudis? Qui t'ha donat un micròfon i un altaveu, si no has après a comunicar? Per què nosaltres? Té valor el que fem? Si no ha set la nostra vocació des que som petites, s'ho mereix més una altra persona que nosaltres? Hauríem d'estar més agraïdes en comptes de qüestionar tot això? És normal sentir angoixa si tinc una feina increïble?

Implicava, doncs, patir una síndrome de l'impostor de cavall (fenomen psicològic en el qual la gent és incapaç d'internalitzar els seus assoliments, sobretot a nivell intel·lectual i/o professional, i sofreix una por persistent de ser descobert com un frau). Ansietat i angoixa pel que puguin dir sobre la feina que fem, que puguin criticar-nos, opinar, jutjar o desvalidar-nos... Perquè potser no estàvem preparades i perquè podien atacar-nos fàcilment (o així ho sentíem). Cada cop més inseguretats i menys autoestima.

La nostra feina està sotmesa a l'aprovació de la gent, de les marques i dels *haters*, dels *likes*, dels comentaris. Tonteries com pensar que un vídeo (o uns quants) funcionarien moltíssim i no ho acaben fent com ens imaginem, frustra. I és complicat continuar fent les coses amb la mateixa il·lusió, ja que sempre volem més i més visites. Ens costa ser conscients que 50.000 persones són un estadi de futbol. Personificar els números és un exercici difícil. Tot és una roda i alhora un dominó.

I arriba un moment que ens mirem i no ens reconeixem. I no perquè hàgim canviat (que també), sinó perquè la nostra rutina, els nostres *hobbies*, la nostra feina, tot és diferent. Ens trobem fent coses que pràcticament encara no entenem i la gent ens dona responsabilitats i confia més en nosaltres del que ho fem nosaltres mateixes. I no ens adonem que la frase de "feu-ho com ho feu sempre, natural" ens està dient que sí, que podem ser allà fent el que sigui perquè hi ha alguna cosa dins nostre que ens ho permet, una cosa innata que potser no havíem volgut ensenyar mai.

Viure-ho en silenci és una putada perquè penses que les altres estan bé. I no els expliques les teves merdes perquè amb prou feina tenim temps lliure, per estar soles, i la convivència no és fàcil, la feina tampoc, i l'amistat... l'amistat fa temps que la trobes a faltar.

Però entre el canvi radical de la nostra vida, els *haters*, les inseguretats i tot el que això comportava, en algun moment vam explotar.

EN LA PUTA MERDA

Ens trobem en el millor moment laboralment parlant, on cada vegada se'ns reconeix més la nostra feina i tenim oportunitats increïbles per seguir creixent juntes. I no parem.

Però era el final de curs 23-24, tothom atabalat amb la seva vida (treballs finals, entregues, exàmens...), com que no estem bé a casa ens plantegem deixar el pis (un merder més), tenim un pòdcast entre mans, i tota la resta de coses que ens hem compromès a fer.

Per totes, el projecte s'ha convertit en LA prioritat. Tant que acaba passant per davant de la nostra amistat i de nosaltres mateixes. Fins i tot ens oblidem de descansar i de passar temps de qualitat amb els nostres. I del més important: hem deixat de ser un equip... Ara som sòcies que viuen juntes, i ho fem pel projecte, perquè si fos per nosaltres no seguiríem compartint pis. Tot plegat era insostenible.

Érem incapaces de dir que no a qualsevol esdeveniment o cosa que se'ns proposés, així com incapaces d'acceptar que no estàvem bé entre nosaltres i menys encara disposades a dir-ho en veu alta. La nostra amistat penjava d'un fil, a les 3 ens va superar tot plegat. De cop la vida ens havia canviat radicalment i no havíem tingut temps ni de gaudir del paisatge.

Can Putades té sentit perquè som amigues, perquè ens estimem i sempre s'ha demostrat a les xarxes sense intentar-ho. Però el desgast i la situació del moment, per molt que intentéssim fingir, es notava.

Vam passar de riure juntes a que qualsevol malentès signifiqués començar una discussió absurda on tot acabava amb crits i males cares

sense resoldre el problema. Coses com equivocar-se d'hora a la que havíem quedat, i unes estiguéssim esperant la que portava una hora de migdiada però amb cap gana de despertar-la tampoc, "haver-te posat alarma...". Que ningú pengés *instastories*, o barallar-nos per qui editava les promocions...

Sempre havíem set un bon equip. Però de cop recordes que fa mesos i mesos que no saps com està la teva amiga, amb la que vius, treballes i passes la major part del teu temps.

I això no era tot, no només estàvem distants com a amigues sinó que, a sobre, les xarxes socials no anaven tan bé com havien anat uns mesos enrere. Els números baixaven i, sense adonar-nos-en, de la mateixa manera anava baixant el nostre estat d'ànim. I sentir que depeníem d'aquestes estadístiques ens estava fent sentir vulnerables i insegures.

Realment, en el nostre dia a dia ja fèiem un esforç màxim: despertar-nos en un lloc on no vols viure, amb qui no vols veure, ni parlar, ni escoltar, però amb qui treballes i, a sobre, t'has de gravar passant bones estones.

EMOCIONAL-
MENT
PARLANT

SORTINT DEL POU

Ironies de la vida, va ser precisament una reunió sobre la neteja del pis la que va fer esclatar-ho tot.

La reunió va començar com sempre, amb el típic "hem de parlar" que ningú vol sentir però tothom sap que toca de tant en tant. En aquell moment estàvem totes tan esgotades, entre treballs finals i TFG, que la simple idea de seure a parlar de les feines de casa i les rutines de neteja se'ns feia bola. A més, feia dies que la tensió es notava en l'ambient.

Entre nosaltres hi havia una distància estranya i dolorosa, com si ja no fóssim amigues sinó companyes de feina que havien de compartir un espai de mala gana. Entre els retrets per feines setmanals no fetes o el "si tu t'hi esforces menys a l'hora de netejar una part de la casa", va posar-se sobre la taula EL problema: la convivència estava afectant-nos més del compte.

Vam anar dient les coses que ens molestaven les unes de les altres: que si als matins fas soroll com si estiguessis sola, que hauries de passar la baieta quan et fas el cafè perquè arribo jo i m'ho trobo fet una merda...

L'Ona, després de fer una petita introducció donant a entendre que feia mesos que estava malament a casa, va dir en veu alta i amb un nus a la gola allò que feia molt que callàvem: no puc aguantar seguir vivint aquí. No estic bé, no m'està fent feliç, sinó el contrari. Ho odio i no ho suporto més. No us suporto més. I us estimo tant que prefereixo preservar l'amistat, de fet, recuperar-la, no perdre la feina i la vida que compartim i viure tranquil·les.

I totes vam explotar i, per fi, sincerar. Totes ens sentíem exactament igual. Per què havíem tardat tant a dir-nos-ho?

Aquella reunió va ser dura, però va servir perquè cadascuna pogués expressar tot el que tenia dins i acabar-la amb la sensació d'haver-se tret un pes de sobre, d'haver posat les coses sobre la taula i, per fi, buscar una solució a tots els problemes.

Ens vam calmar i vam acceptar el que passava, que estàvem cremades, que necessitàvem espai però que al mateix moment ens trobàvem a faltar moltíssim. No volíem deixar de viure juntes perquè ens feia feliç la sensació de tornar a casa i tenir-nos les unes a les altres, perquè havíem construït la nostra llar i perquè sabíem que podíem tornar a estar bé.

A partir d'aquí, i després de moltes converses, esforç, paciència i molta comunicació, vam saber trobar la manera de sortir de la merda i sortir-ne ben parades i juntes.

A més, venia l'estiu, que sempre va bé per desconnectar. Vam poder reflexionar sobre tot, veure les coses amb perspectiva, sanar, anar cadascú pel seu costat i vam trobar-nos a faltar.

La primera cosa que vam fer va ser deixar clar que les coses no funcionarien si cadascuna no hi posava de la seva part per fer que tot anés bé. Volíem tornar a ser un bon equip, tant dins com fora de les xarxes. Així que vam començar a parlar les coses amb menys por.

Si alguna tenia un mal dia, ho deia. Si la feina ens angoixava, intentàvem trobar solucions juntes sense donar per fet que totes hauríem de saber-ho gestionar igual. Ens vam posar normes senzilles, com reservar una tarda per fer activitats exclusivament lúdiques o donar-nos espai quan alguna estava saturada.

I una de les normes més importants: les reunions de feina es farien fora de casa, i tot el possible també, per tal de separar la vida de la feina. Posar-nos horaris i respectar (en la mesura que fos possible) les hores

de treball i no dir un vespre aquella cosa de feina que pot esperar el demà al matí (per exemple).

I per sobre de tot això, mai més tornaríem a relegar la nostra amistat en un segon pla per posar la feina en el primer. Si havíem quedat per fer feina i una no estava bé, pararíem per ajudar-la i ja després continuaríem amb el que havíem de fer.

A poc a poc, vam anar recuperant l'essència de la nostra amistat i vam tornar a ser una mica aquelles tres amigues de sempre, simplement amb més experiència i unes quantes batalles a l'esquena. Posar-nos límits no va significar posar distància entre nosaltres, tot el contrari, volia dir conèixer els límits de l'altra i respectar-los per no acabar explotant.

Aquest canvi de xip pot semblar senzill, però en aquell moment va ser complicat desfer-se dels rols que havíem creat inconscientment durant molts mesos, encara que també va ser el que necessitàvem per funcionar millor, com a amigues i com a companyes d'aventures. Però parlar-ho entre nosaltres no va ser suficient.

La Joana i la Núria van necessitar demanar ajuda psicològica per poder gestionar millor la nova realitat que vivíem i acceptar que, si ens trobàvem en aquest punt i teníem la possibilitat de fer coses tan xules, potser simplement havíem d'acceptar que ens ho mereixíem perquè ens ho havíem treballat (gràcies des d'aquí a la Maria). L'Ona va preferir demanar ajuda d'una altra manera, parlar-ho amb la seva gent i amb ella mateixa. Al final només necessitàvem gestionar-ho per voler estar millor, la manera en què ho féssim o amb qui era indiferent. Veure-ho també va significar créixer una mica més.

EL NOSTRE PROPÒSIT

Som plenament conscients que som molt afortunades, que amb 23 i 24 anys som autònomes (bé, aquesta part no és gaire divertida), però vaja, que tenim un "negoci". I encara que això de fer la declaració de la renda, pensar en l'IVA i l'IRPF més que en el nostre gos, sigui un merder i ens hagi fet tornar boges, així com pensar en per què collons a l'escola no ens van ensenyar més coses d'economia, som felices de poder tenir aquesta vida i poder-ho compartir juntes. És pràcticament un somni, el somni de qualsevol grup d'amigues, i per això a vegades ens ha costat i encara ens costa acceptar el que hem aconseguit.

A més, per això hem hagut de trobar un propòsit. Quelcom on aferrar-nos quan tot sembla que trontolla. I no som el Tsunami Democràtic, però hem creuat Europa per defensar el nostre país, la nostra llengua i la nostra cultura, i així ho faríem de nou.

Quan els mitjans de comunicació ens van començar a fer entrevistes per primera vegada sempre ens sorprenia una pregunta molt recurrent: "Per què feu els vídeos en català?" Ho deien com si fos una cosa molt estranya. Alguns fins i tot hi afegien: "Sabent que en castellà arribaríeu a molta més gent, per què vau decidir fer-ho en català?" Nosaltres, fins que no ens ho van preguntar, poca ens ho havíem plantejat. Som de la generació que ha crescut veient la família del Club Súper 3 i som de poble. Excepte a les classes d'anglès, sempre hem celebrat la castanyada i no Halloween. Ens hem anat fent grans amb *Polseres Vermelles*, el Barça de Messi guanyant-ho tot, amb les manifestacions de l'11 de Setembre, les cançons de Txarango i Oques Grasses i el *Bac Up* de Ràdio Flaixbac i Adolescents.cat.

Som catalanes, per quina raó hauríem de posar-nos a fer contingut en una llengua que no és la nostra?

Sempre hem volgut mostrar-nos a les xarxes tal com som i això no hauria pogut ser possible parlant en castellà. I si fem servir la llengua invasora, que sigui per vacil·lar una miqueta. Per això sempre avisem els nostres coneguts castellano-parlants que no es creguin massa res d'un vídeo nostre on parlem en castellà.

Any rere any el català retrocedeix com a llengua habitual en qui és el futur del nostre país i, com molta gent, veiem aquestes dades amb molta preocupació.

Però més enllà que la llengua forma part de la nostra identitat i mai ens hem plantejat fer-ho d'una altra manera, la nostra persistència en seguir creant contingut diàriament és el nostre granet de sorra, la nostra manera d'estimar el català. Sentim la responsabilitat de pro-moure i de mantenir viva la flama d'una llengua que, tot i ser rica i ple-na d'història, veu com cada cop són menys els joves que la utilitzen.

ENCARA FLIPEM

Sembla que, perquè érem capaces de posar-nos davant la càmera, la gent ens veia capaces de qualsevol cosa: de presentar un acte en un teatre davant de moltíssima gent, de fer anuncis com si haguéssim estudiat per ser actrius, de vendre productes com si fóssim *community managers*... No sabem si va ser més inesperat presentar els Premis de Comunicació de la Generalitat fent una radionovel·la juntament amb l'Ernest Codina (persona que escoltàvem moltíssim quan érem petites) i la Rosa Badia (LA VEU DE LA RÀDIO) o anar fins a l'Es-pluga de Francolí (un lloc realment remot per nosaltres) a presentar un festival de les variants dialectals del català mentre dormíem a l'Hostal del Senglar.

També ens hem trobat anant un dimarts a la tarda amb cotxe oficial a la Catalunya Nord a trobar-nos amb el MH President Carles Puig-demont (amb la pell de gallina que comporta recordar el *PEAK* de la catalanitat) o un dimecres a la nit sopant (mentre nevava) en un restaurant argentí DE SETCASES amb la productora que roda el pro-grama de TV3 *Temps de Neu*. Hem dinamitzat (paraula que ens fa molt de riure) un Kahoot i un Karaoke i fins i tot hem fet de DJs a la Fàbrica d'Estrella Damm (LOL).

Qui hagués dit que gravaríem vídeos felicitant, per exemple, <3 'avi Josep<3 o que ens farien gravar-nos dient "donem suport a la carrera de Genètica de la UAB", "anem amb l'equip groc del Racing Team", o "has vist que a la frui- teria hi ha descomptes per unes pomes?"... Qui ens hagués dit que ens faríem fotos amb moltíssimes persones, a llocs ben *random* i en moments ben WTF. I que després alguns les publiquen a xarxes LOL i que encara no entenem què fa la gent amb aquestes fotos (tot i que també fa certa il·lu que t'ho demanin).

Que cancel·laríem l'actuació en un festival on hi anaven humoristes perquè ens van posar les entrades a 18 € i ens feia vergonya extremíssi- ma pensar que algú havia de pagar això per veure'ns a nosaltres.

Que ens maquillaria una maquilla- dora i que ens vestiria un estilista, o que ens farien les celles i les pestanyes a canvi de publicitat. Que tastaríem els millors vins de Catalunya però també els millors cafès, *sushi* vegà i fins i tot menús estrella Michelin en esdeveni- ments on hi ha més persones que menjar.

Qui ens hagués dit que podríem anar a peu de camp a cobrir com a periodistes la presentació ofici- al dels jugadors del Barça per la temporada 24-25, o que seuríem a la llotja del Gamper femení en uns cartells on deien "Senyora" i els nostres noms...

Que ens entrevistarien mil mitjans de comunicació, pòdcasts i progra- mes de la televisió, que ens farien mil vegades la pregunta de "per què us dieu Can Putades?". Que entrevistaríem Ibai Llanos, Àlex Monner, Úrsula Corberó, Between My Clothes, Cata Coll o Martina Fernández. Que jugaríem el partit dels FAMOSOS per la Marató de TV3 al camp de la Kings League pel Rayo de Barcelona de l'Spursito i que la Nuni acabaria jugant de por- tera perquè vam arribar tard i ja no- més quedaven 3 equipacions. Que aniríem com a periodistes al Palau Sant Jordi a cobrir el concert d'una de les nostres ídols de la infància, la Bad Gyal. Ni que seuríem a primera fila de la vip d'una pista de bàsquet, convidades personalment per Marc Gasol a veure el Bàsquet Girona. Fortíssim.

Que viuríem un dels millors mo- ments de la nostra vida acompa- nyant els jugadors del FCB a la rua per celebrar la lliga de l'any 22-23. O que ens amagarien 10 mil euros en bitllets falsos pel pis en un programa de 3Cat presentat per Gerard Romero on amb els diners aniríem a Tailàndia totes juntes de viatge. Que coneixeríem personalment un dels nostres ídols de la infància, Bojan Krkic, a la Premier del seu documental. Que aniríem al Parlament Europeu a Brussel·les a fer una xerrada sobre les preocupacions dels joves.

Qui ens hagués dit que un dia acabaríem publicitant joguines sexuals, cervesa, bolis Bic de 4 colors, productes per la cistitis, xampús ecològics, hotels sostenibles, ginebres km 0, llets vegetals o fins i tot productes de neteja de la casa.

Que podríem promoure la tradició que sempre havíem viscut a la Garrotxa gràcies a fer de periodistes a les Corrandes de Montagut i a la Processó dels Dolors de Besalú.

I poc ens haguéssim imaginat que conduiríem 3 hores per anar a cases rurals de muntanya que volien que les publicitéssim i ens trobaríem una tarda d'octubre assegudes al voltant de la llar de foc acabant d'escriure les últimes paraules d'aquest llibre, el nostre llibre.

I encara menys ens haguéssim imaginat que crearíem una empresa i que seria la nostra sortida davant la incertesa d'entrar a la vida adulta.

Tenir seguidors a xarxes ens ha fet sentir que tot allò que diem pot tenir un impacte. I, evidentment, sentim la responsabilitat de fer-ho bé, la necessitat de transmetre alguna cosa positiva. A les xarxes, la gent acostuma a ensenyar la cara més feliç de la moneda i nosaltres sempre hem volgut mostrar-nos tal com som, potser per això ens encaixa tant (i mai hem volgut canviar-nos) el nom de Can Putades. Per molt que ens repetim dia a dia que som dones afortunades, de putades sempre en vindran, però sempre podem convertir-les en anècdotes per explicar més endavant en un pòdcast i partir-nos el cul.

Després d'haver-nos despullat per complet i haver tret tots els draps bruts a la llum, tampoc voldríem fer la sensació que hem estat fatal tot el temps i que la nostra amistat no se sustenta per enlloc, ni que no és real i bonica com la mostrem per xarxes. Però sí que dir que tot ha set una meravella i un camp de flors seria mentir i teníem clar que si explicàvem la nostra història, això no era una opció.

Les amistats, com les relacions, passen per moments de tot. A vegades ens allunyem de qui més estimem perquè ho necessitem, d'altres perquè les circumstàncies hi obliguen, i la resta perquè simplement les capacitats de cada persona en aquell moment no li permeten explicar què sent i què necessita.

A nosaltres, des que som amigues, ens han passat aquestes tres coses. Hem aconseguit seguir aquí i continuar cuidant la nostra amistat, que és el més important. Però és rellevant ser conscients que les coses no sempre van rodades. A vegades totes les parts estareu de-sanimades, tristes o enfadades, i és en aquests moments on més costa sortir endavant.

Sabem que probablement tornarem a tenir moments així, però hem acceptat que formen part de la vida i de les relacions amb les persones que estimes.

És per aquest motiu que, per acabar (ara que ja arribem al final d'aquest llibre, el nostre llibre), volem explicar-vos els 10 manaments de la nostra amistat. Són consells que ens han anat bé, però sabem prou bé que de la teoria a la pràctica hi ha un bon tros.

ELS 10 MANAMENTS

DE L'AMISTAT

1 "Les coses ben dites, es poden dir totes": perquè una amistat perduri, és important la comunicació efectiva i responsable. Des del punt de vista de "com t'ha fet sentir allò" i no centrant la conversa en l'altra persona i dient "tu has fet" perquè l'altra part no es pugui sentir atacada.

2 "Tracta i parla com t'agradaria que ho fessin amb tu": sense respecte no hi ha relació sana. I, quan perds el respecte, ho has perdut tot. És més fàcil pagar la frustració amb la teva amiga quan arribes a casa que tu sol acceptar que t'has equivocat o contestar al flequer que t'ha parlat malament.

3 "La paciència és la mare de la ciència". Mai saps qui haurà tingut un mal despertar o un mal dia, tracta els teus amics amb la paciència que t'agradaria que ells tinguessin amb tu.

4 "Som les dues parts contra el problema". Quan ens enfoquem en el problema en comptes de culpar-nos mútuament, podem trobar solucions més constructives. Seguim aprenent dia a dia a convertir els moments difícils en oportunitats per unir-nos més.

5 Comprensió i empatia: una cosa tan simple com saber escoltar. A l'hora d'empatitzar, és important recordar que no sempre necessitem oferir solucions; a vegades, només necessitem ser-hi presents i deixar que l'altra persona s'expressi.

6 **La lleialtat per sobre de tot.** De la mateixa manera que la confiança es construeix amb el temps, és un valor que ben cuidat genera un sentiment de seguretat que ens permet ser qui som realment entre nosaltres.

7 **Amor: "Viure els èxits de l'altre com si fossin teus".** Compartir la felicitat perquè compartida és més. Una bona notícia és encara més bona si la celebres amb les altres saltant pel menjador de casa.

8 **La importància de l'espai personal: tenir moments per a un mateix, dedicar temps a les teves aficions o simplement gaudir de la solitud és essencial per estar bé.** Hem après que donar-se aquest espai no significa que estiguis distanciant-te de l'altra persona i que els dilluns tinguem ganes d'explicar-nos tot el que ens ha passat el cap de setmana vol dir tant que ens ha anat bé separar-nos com que ens hem trobat a faltar.

9 **Saber demanar perdó.** Conflictes sempre n'hi haurà i és important ser honestes amb nosaltres mateixes i amb les nostres amigues, reconeixent quan hem fallat i treballant per millorar.

10 **"Un mal amic et dirà el que vols sentir, un bon amic et dirà la veritat a la cara".** Dir la veritat és una manera de demostrar respecte per l'altra persona. La sinceritat ha d'anar acompanyada de sensibilitat. Una bona amistat no implica només assenyalar els errors, sinó també oferir suport i solucions per a la millora.

EPÍLEG: 5 ANYS DESPRÉS

Han passat 5 anys i encara no hem obert el sobre amagat. De fet, crèiem que mai l'obriríem i acabaríem oblidant-nos que quedaria darrere la nevera guardant pols. Potser perquè no havíem "acabat" de veritat les carreres (sempre queda alguna assignatura per allà penjada) o potser perquè cada cop que una volia obrir-lo faltava alguna de nosaltres i dèiem: "L'hem d'obrir totes juntes."

Però escrivint aquest llibre ens va venir al cap el sobre amagat. Allà en cap moment es parlava de tenir l'oportunitat d'escriure la nostra història i que, potser, era un motiu de pes per obrir el sobre i explicar aquí com ha canviat la nostra vida.

Quan vam escriure-ho, ens vam centrar en com estaríem 4 anys després en els nostres temes preferits: on viuríem, feina, amistat i amor.

Durant aquests anys ens hem anat fent grans. Què en pensarien, aquelles nenes de 17 i 18 anys, que van arribar amb tota la il·lusió del món a Barcelona, de les dones amb les que ens hem convertit a dia d'avui?

Vam anar a **viure** a la gran ciutat buscant construir-nos un futur amb

la premissa del que sempre et diuen: "Tranquil, és el que has de fer, estudiant una carrera tens el futur assegurat."

Totes vam apuntar que acabaríem marxant de Barcelona després de la carrera. Però potser no a casa: la Joana creia que estaria en un altre país, l'Ona s'imaginava a Escòcia perfeccionant l'anglès i la Núria a la Garrotxa o voltants. Barcelona mai va ser una opció.

Pel tema **feina**, totes ens vèiem amb les carreres acabades i la Núria començant una altra carrera, Psicologia, que era el que sempre havia volgut (i ho ha complert). L'Ona s'imaginava treballant en una oficina de correctora, podent fer la meitat en línia des de casa o des de l'altra punta del món. I la Joana es veia fent de periodista de guerra en qualsevol lloc remot. Cap de les dues ha acabat fent el que creia o volia en el seu moment, però tampoc canviarien la feina a què s'estan dedicant avui.

Però el que ens ha fet mal és llegir les parts de l'**amistat**: hi ha persones que teníem molt clar que hi serien i ja no hi són, i altres que conservem i n'estem orgulloses que sigui així per molts alts i baixos que hàgim passat.

En aquell moment crèiem que les amistats eren per sempre, que els nòvios anaven i venien, però que les amigues es quedaven. Amb el temps hem après i vist que no tothom s'ha de quedar per sempre al teu costat i que això, a la llarga, tampoc és una cosa negativa. Ara, en aquest paper hi posaríem altres persones, però, és clar, llavors encara no les coneixíem.

I què us hem de dir de l'amor... Som unes romàntiques sensibles, encara que molts cops no ho volem acceptar. La Núria es preguntava si hauria superat el seu ex merdós i l'hauria deixat enrere (sí, i és tot un orgull). La Joana es pensava que encara li agradaria el mateix esparracat de poble de sempre (tot i que també deia que potser estaria amb un argentí). Avui dia, ni un ni l'altre (però tampoc ha estat amb ningú que parli català). Per últim, l'Ona, en aquell moment amb el cor ben trencat, desitjava tornar-se a enamorar.

Després d'aquesta carta, tard o d'hora totes tres ens vam acabar enamorant d'algú. (Més que previsible, no?)

Vam arribar a Barcelona espantades, il·lusionades, amb moltes expectatives, amb ganes d'aprendre i conèixer gent nova. I creiem que tot, d'alguna manera, ho hem anat complint, però res ha estat semblant a tot el que imaginàvem.

Amb el temps hem vist que pots canviar d'opinió més que de calces, que les manies poden arribar a ser menys manies si comparteixes pis amb gent que no les té i que guardar-te el que sents només provoca que et surtin bonys que algun dia explotaran. En teoria, la comunicació és molt fàcil, tothom sap què és i com fer-ho, però a la pràctica és de les coses més difícils de gestionar.

Però sobretot, hem après que una decisió presa en un moment concret no ha de determinar la teva vida, i que probablement allò que penses amb 18 anys, no ho pensaràs amb 20, ni amb 24.

Mai haguéssim esperat ser avui aquí, una tarda de mitjans d'octubre de 2024, escrivint els últims paràgrafs d'aquest llibre que encara no sabem ni com titular. Al final, nosaltres hem trobat en aquest projecte, en Can Putades, un bri d'esperança enmig de la incertesa de la realitat que ens envolta. Ha sigut la nostra manera, innocent i inesperada, d'iniciar el nostre propi camí, de crear un espai que ens sentíssim com a nostre en aquest món.

Vivim en una nació sense Estat, en la Barcelona més cara de la història i en un món molt menys solidari i molt més egoista del que ens agradaria. Sabem que no podem canviar-ho des del sofà de casa però hem trobat la nostra manera de sentir-nos amb un propòsit aportant el nostre granet de sorra per xarxes socials. Que algú t'escrigui un comentari valorant aquell contingut que tant t'has *currat* o rebre un missatge que digui "això que m'heu dit m'ha alegrat el dia" és el premi de tota la feina. Així com un comentari despectiu pot desmoralitzar-nos, que algú ens pari pel carrer dient que riu amb els nostres vídeos ens omple d'energia per seguir.

I ara que ja som al final, podem confessar que, ser unes pallasses, molts cops ens ha servit per veure la sortida en un moment que ens hem sentit al pou. Perquè hi ha hagut vegades que, abans d'un vídeo de riures i conyes, alguna de nosaltres estava plorant a l'habitació amb el pijama posat. O el que en un vídeo es veia una amistat increïble, després de gravar-lo hem acabat discutint per alguna rucada (o no tan rucada).

Amb tot, volem acabar dient que no tot el que es veu a xarxes és real i que no s'ensenya tot el que passa a la realitat. I nosaltres, encara que sempre hem intentat mostrar-nos sinceres, no sempre ho hem aconseguit o no ens hem vist amb forces per fer-ho.

Que una amistat no sempre són riures, que s'han de tenir moltes converses incòmodes, però també és la família que esculls, i tenir un bon amic és tenir un tresor.

ONA, NÚRIA I JOANA
23 de novembre de 2024